失戀不可怕！

從崩潰中爬起來的 26 堂課

U0099859

萬里機構

自序

除了愛，更關鍵的是「自我」

在關於愛情的話題上，我們總是把關注點落在「愛」上。

當感情關係走向破裂（分手、出軌、出現嫌隙、逃避、開始冷暴力等）時，我們的疑問也常常是：**是不是不再愛了**？**是不是不夠愛**？

當我們這麼問的時候，其實忽略了一個更重要的問題，「我愛你」中的「我」和「你」才是最關鍵的，只有當「我」和「你」都在用真實的、完整的自我相愛時，愛情才能深刻地、穩固地存在於「你」「我」之間。

當感情破裂、親密關係中的愛消失時，曾經堅信的「自我」也在隨之破裂。於是，我們總能在生活中發現這樣的一些人，他們在經歷了一段異常痛苦的感情關係後，再也不相信愛了，他們變得克制、變得小心翼翼，甚至變得冷漠和遊戲愛情。這其實是受傷的、破裂的自我沒有得到重建的表現。

因為有自我，才能有愛情；能獨立，才能有親密關係。

很多感情關係問題的關鍵不在於「愛」，而在於「自我」。因為自我不夠真實和完整，所以無法真正地相愛；因為自我無法平和地享受獨立，所以強迫性地苛求親密、卻無法擁有真正的親密。

這本《失戀不可怕！》會提到分手、冷漠、出軌、感情消失等

問題是怎麼發生的，但更會集中於「自我」在這個過程中的變化，比如說，當感情發生變化時，你和他，你們兩個人之間，發生了甚麼樣的變化？

這段時期極為關鍵，因為這是人生的脆弱期，也是重塑你對感情的理解、重建自我的最好的時期——當感情破裂，你對自我、愛和有關人生最深的渴望與意義也都會浮現。所以愈是在這樣痛苦的時期，你愈需要思考。而好的思考既需要知識，也需要借鑒其他人的經驗。尤其是知識，知識客觀而有溫度，知識和經驗會協助你在「**重塑理解**」和「**重建自我**」的這段時期走得更安穩、也更有效率，讓你在重建自我之後變得更自在、更完整、也更強大。經歷本身其實並不能讓人獲得經驗和成長，對經歷的思考和理解才是最有用的東西。

我希望這本書能帶給你更好的思考，讓你在讀完以後對親密關係擁有更新、更完整的理解，也讓你的自我更加完整和堅韌。

這本書包含 5 個部分，每一部分都是重建自我的一步。

第一步和第二步是應急的兩步，好比受傷後的緊急包紮。第三步是包紮後的康復期，這期間我會帶着你重新認識這段破裂的關係。而第四步和第五步，是重新建設自我和認識親密關係的兩步，這兩步需要更多、更深的思考，也是和你整個人生相關的兩步。

我強烈建議你按順序學習去走每一步，在每小節的最後，我都有為你總結這一節的要點和行動指南，你可以在生活中按指南

去思考和行動，**改變會在思考和行動中發生**。

以下是每一步的主要內容。

第一步：情緒急救。腦科學和心理學的知識可以幫助你停止失控和自我封閉，減少觸景生情的痛苦，讓你也能主動尋求適合自己的幫助，以免不合適的幫助造成二次傷害。

第二步：維持低迷期的生活效率，降低感情破裂造成的干擾——用「坦白、捨棄和啟動」進行時間管理，用「主動放手」減少對前任的強迫性關注，用權力視角重新決定要不要復合。當然，如果你讀完以後還是想要復合，我也為你提供了管理「印象、目標和期待」的視角來協助你走上與幸福有關的復合之路。

第三步：跳出單一的「愛與不愛」的視角，從「心理需求」的角度重新認識那段關係。也就是說，跳出「戀人」的視角，從「人」的角度重新看待自己和對方，也從關係的視角重新看待愛情。包括：他為甚麼要離開你或出軌，感情的裂縫是怎麼產生的，以及家長的反對究竟意味着甚麼等。

第四步：在平靜以後從「心智模型」的視角來重建自我。學會自我關懷，減少自卑帶來的消極影響，學着自我接納。然後試着建設屬你自己的心理支持系統——好的支持系統能讓你獲得自我成長、自主幸福的實力。在心智模型的協助下，你會重新思考你自己、也會重新思考你的人生，在這個過程中，你會更有可能做出你內心真正想要的選擇。

第五步：用心理學的視角重新看待愛與親密關係──不再只是沉浸於浪漫之愛帶來的感覺，而是認識愛、尋找愛和感受愛。我會帶着你嘗試認識並超越原生家庭的影響，試着去擁有真正的無條件的愛──跳出「性別分工」的枷鎖，從浪漫之愛走向落實到生活和相處之中的、屬你自己的、獨一無二的親密之愛。

這本書既寫給正處於破裂期的人們，也寫給心中依然懷着和愛有關的隱痛的人們──隱痛代表着自我依然是受傷的。需要說明的是，雖然我在書中都用「他」來指代了另一半，但這個他並不特指男性。

這本書不只寫給女孩們。我很希望不論男性還是女性，都能用更科學的視角、更真實的自我來面對愛情，讓雙方都能跳出性別的刻板印象來相愛和相處。

雖然在現實生活中，有很多男性在感情破裂後選擇用事業重建自我（也有越來越多的女性正在這樣做），事業當然是有力的，但在感情關係中受的傷，還是要在與感情關係有關的思考中重建。即使之後的人生選擇單身，但對於留下隱痛的過往，你依然需要去直面和處理。

希望這本書能協助你走上重建自我的旅程，在這個過程中去擁抱真正的愛和親密，這既包含你對自己的愛和親密，也包含你和相愛之人的愛和親密。

曹雪敏

目錄

第 1 章

從崩潰中

爬起來

1.1 為甚麼你會想傷害自己

你好，此刻的我一直在想，翻開這本書的你正處於甚麼樣的狀態，心情是好是壞？人是平靜的還是迷茫的？

你會翻開這本書，也許你剛分手，又或許，你正處在分手的邊緣，你有很多困惑和無助，想用心理學找到那些為甚麼和怎麼辦——這本書的內容便是圍繞感情裏的「為甚麼」和「怎麼辦」。關於分手和感情破裂的種種，你都能在之後的內容中得到認知上和行動上的啟發。

很多人在分手後，或處在分手的邊緣時，總是想着去了解愛情、去了解對方，也想了解你們的關係是怎麼發生了變化？這些當然是重要的，你也會在之後的內容中找到這些問題的答案，但其實更關鍵的是，你要關注你自己。在感情關係中，無論是對愛的理解和體驗，還是兩個人的互動，你的自我其實發揮着最關鍵的作用。尤其是現在，你

待在破裂的關係裏重建自我。「破裂」是傷害性的，有痛苦、有悲傷；但「重建」是建設性的，有期待、有堅定，只要做好了，就是希望和未來。

分手後，人的心理往往很脆弱。這個脆弱也是因為關係破裂後，情緒中的自我正處在一個動盪期，幾乎是一個支離破碎的自我。**人們會在關係中認識自我，關係就好比人們認識自我的一面鏡子。**於是當關係破裂時，鏡子中的自我也變得支離破碎，你甚至可能會看不到那個完整的自我，因為鏡子破碎了，鏡子中的自我也就變形了。

這時，你的自我亟待你努力去引導和拼湊，也就是重建。如果重建得不好，一個人對自己、愛情、關係的看法很容易走向消極的一端，不再相信自己，也不再相信愛情和他人，**這會讓人錯失未來原本可以擁有的幸福。**

如果重建得好，自我會像重生一般地變得更強大、更鮮活。其實，這個重建的過程是一個重新創造自我的過程，是你在重建自己的生命和生活，也是你在決定要做甚麼樣的自己、要為甚麼樣的愛情和未來而投入。你要做好心理準備，這個過程會像跋山涉水一樣艱辛，需要你深入地思考和練習。在這個過程中，你會收穫新的知識和思想。你一定也會有疲憊、懊惱甚至是想放棄的時刻，重建自我是

一個艱難的過程。正因為如此，你需要借助他人的經驗，尤其是一些專業的知識和建議，這會讓你在這條路上走得更安穩、更準確。只要你能堅持走完這條路，就一定會有豁然開朗和重獲新生的那一天。

人要走長路，先要做好準備。但分手後的自我好比剛受傷的身體，你需要立刻做的是防止傷口的進一步惡化，以及對傷口進行包紮。所以在這個部分，我會先帶着你對傷口進行緊急處理，而這一節就是最重要的第一步——先停止你對自己的傷害。

關於對自己的傷害

簡單來講，所有你正在做的、心裏知道這對自己並不好的行為，都是對自己的傷害。比較隱性的傷害是指責自己甚至對自己進行人身攻擊，例如說自己是個沒用的人。

怎麼區分甚麼是對自己的客觀評價、甚麼是對自己的主觀指責呢？你要觀察自己的感受，雖然這兩者都會引發人的難過情緒和刺痛心理，但是客觀評價不會讓人絕望，因為客觀評價就好比黑暗裏的一道光，讓你看到一部分真實的自我；主觀指責就好比在黑暗中給自己又建了一個牢籠，讓你壓抑又不得動彈。

為甚麼你會在分手後傷害自己？或說，為甚麼有的人會有意傷害自己？有人認為，這是情緒失控的表現，這種說法有一定的道理，但是不全對。**分手後的自傷行為，更多的是在表達自己的情緒**，尤其是在表達自己的痛苦，你想讓別人、讓自己看到自己正在承受的痛苦，這是一種把無形化為有形的表達。

精神上的痛雖然如此煎熬又如此複雜，它明明是強烈的、極致的痛，但是因為語言本身的限制，即使你把正在承受的痛苦說了出來，你能表達的痛苦往往不及真實承受痛苦的十分之一甚至百分之一。於是，這份痛苦變得十分孤獨。你正在體會這份痛苦，卻無法讓別人理解和懂得，而且很有可能你只是體會到了痛苦，但你自己也不懂為甚麼這份痛苦如此深刻和複雜。這種無形和孤獨讓人十分恐慌，因為你不知道它會不會變得更加激烈，也不知道它會持續多久，甚麼時候能停止，停止了以後又會不會捲土重來？這會引發你對失控的恐懼。

人在恐懼時需要獲得**掌控感**，也需要獲得別人的理解。甚麼樣的傷害是人們只要看見就懂，甚至只要看見就會關注它並產生同情？答案就是身體上的傷害，身體上的傷害是一種所有人都懂的痛苦和表達。當一個人傷害自己時，他其實會獲得一種**掌控感**，既因為這個痛的產生是他自己主

動創造的，也因為身體傷害的癒合有自然規律，他知道這個痛甚麼時候會癒合。這就是為甚麼有的人在遭遇精神痛苦時，會進一步傷害自己的身體，既因為他的情緒失控了，也因為這能帶來理解和掌控感。

甚麼樣的情緒最容易讓人們傷害自己呢？答案是憤怒，對他人的憤怒和對自己的憤怒。憤怒是人類最原始的情緒之一，這種情緒會讓人在最短的時間內調動所有力量做出反抗，這是一種強大的精神力。在人類歷史上，人們在面對不公、面對其他人傷害自己或親至愛的人時都會憤怒，在憤怒之下可能會做出「以牙還牙、以眼還眼」的攻擊行為。這種攻擊行為從核心意義上來說不是單純為了報復，而是通過報復警告對方不要在未來再做出同樣的傷害行為。

看到這裏，你有沒有發現憤怒之所以會導致人們傷害自己，是因為憤怒本質上就是一種引發警告和回擊的力量。這份攻擊如果不對外發生，就會轉而對內發生。而且，所有的憤怒本質上都是對事情已經發生，而自己無能為力的憤怒。當對反抗感到無能為力時，攻擊也無法對外發生，人就會對自己感到憤怒。於是，在這雙重憤怒之下，對內發生的攻擊會更加激烈。這就是為甚麼人在憤怒之下很可能會出現自我傷害的行為。

應該停止對自己的傷害，轉而去傷害別人嗎？先等一等。一開始你不對外攻擊，一定有你內心認可的不對外攻擊的理由，或許是感情，或許是理性。在你沒有想清楚自己要怎麼做以前，不對外攻擊是一個更好的選擇，因為如果人忙於攻擊，就沒有足夠的時間與精力來對內進行建設。而且，歸根究底分手帶來的憤怒都是因為愛曾存在過，正因為愛得又深又激烈，才會在分手時遭遇同樣激烈的痛苦和憤怒。雖然分手傷害了你，但只要你愛過，當憤怒的心情平復下來，你一定希望自己不曾傷害過愛你或你愛過的人。當然，有些分手帶來的憤怒是因為分手包含了背叛，人會天然地對背叛感到憤怒，會想反擊。我想要告訴你的是，你始終有機會反擊，而且等到你更強大以後，你的反擊可能會更有力，所以不要着急。

先放下對外的攻擊，把所有時間與精力都留給自己——因為現在是你重建自我的最好時機，強烈和複雜的情緒背後是你和最深處的自我進行交流的機會。

關於憤怒

甚麼樣的分手會引發憤怒？是你覺得對方不該也沒有權力這麼做的分手，尤其是在你付出了很多甚至通過單方面的犧牲維持這段關係時。明明你才是那個可以提分手的人，

明明對方對此應該表示感恩並且為這段關係付出更多，應該更珍惜這段感情，結果竟然是對方提了分手。他這麼做，不僅否定了你的付出，還否定了你的感情，也就是徹底否定了你。面對這樣的否定，人會覺得**不公平和不甘心**，這兩個感覺是藏在憤怒背後的感覺。

人在情緒激烈的時候會關閉大腦理性思考的區域，這時理性處於下風，所以我希望你試着不要壓抑自己的憤怒與情緒，也不要盲目地宣洩它們，試着換一種方式表達你的憤怒與情緒，好的表達會讓你的情緒平穩下來。

那怎麼表達才是好的呢？你可以嘗試心理諮詢中經常使用的空椅子療法。在眼前放上一把椅子，想像對面正坐着和你分手的那個人，對着空椅子把想說的話一股腦兒地都說出來，不要修飾，也不要欲言又止，全都說出來。建議你把這個過程錄下來，因為這既是在記錄自己的人生片段，而且如果有一天你想要對這個階段的你了解得更深，也可以把這些錄音拿出來作為資料回顧和思考。

除了空椅子療法，還有敘事療法中常用的日記療法，把你想要說的話、想要表達的不公平和不甘心都寫下來，留下你的「憤怒」。這些「憤怒」代表了你的過去，也代表了部分的你，你不一定要在這個時候就捨棄憤怒——因為

讓憤怒消失就好比讓一部分的你消失，這其實與分手後急需看見完整自我的目標不一致。

你要做的是把憤怒留下來。空椅子療法和日記療法其實都是在幫助你表達和記錄憤怒，讓你先停止壓抑，也先不把憤怒化為對外和對內的攻擊或盲目地宣洩它們，把憤怒原原本本地表達出來，把屬你的憤怒留在你身邊。只有這樣，你才能既不被憤怒控制，又有機會使用你的憤怒。

關於自責

自責的背後是這樣一句話：都是我的錯。當你因為分手感到自責時，你應該意識到，其實這是兩個想法混合的結果，第一個想法是：你的錯導致了分手，第二個想法是：分手也是個錯誤。你過去的錯導致了現在分手這個錯，所以你指責你自己。

但是，**真的都是你的錯才導致了分手嗎**？以及，**分手真的是個錯誤嗎**？

一段感情從開始到結束，包含了很多個階段，彼此的相識、相戀、相處到分手，每個階段都有每個階段的困難和挑戰。如果真的都是你的錯，我希望你能先把這些錯記

錄下來。如果你真的覺得分手是個錯誤，我也希望你先寫下來，為甚麼你覺得分手是個錯誤，這些錯誤分別都是甚麼，導致了怎樣的結果。

為甚麼要寫下來呢？因為這些問題的答案會隨着你在讀這本書的過程中發生的變化而變化。記錄最初的答案既可以幫助你記錄自己人生的重要階段，也可以讓你看到自己最後的改變——即使真的存在錯誤，只要我們能從錯誤中學習，就會迎來更正確的未來。

讀到這裏你會發現，本節的內容沒有試圖讓你立刻改變，也沒有試圖和你講道理，而是引導你慢慢地表達你內心的聲音和情緒，引導你通過情緒認識自己、了解自己。希望對於分手這件事，你能從質問慢慢走向疑問，然後看見這個過程中更完整的自己和真相，觀察、分析這些真相，最後找到這些問題的答案，用答案創造自己的未來。

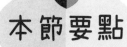

本節要點

　　親密關係的破裂會帶來自我認知的動盪，而動盪期是重建自我最好的時機。

　　自我傷害其實是我們在表達痛苦和孤獨感的結果，也是我們在失控中尋找掌控感的行動。

　　憤怒本質上是一種警告外界和保護自我的情緒。

　　憤怒是自我的一部分，不要捨棄，要留下憤怒，並且建設性地使用憤怒帶來的力量。

行動指南

1. 用「空椅子療法」或「日記療法」把你的憤怒和想說的話都表達出來，並且留下記錄。
2. 覺察內心的自責，寫下這些自責，等看完本書後重新審視這些自責。

1.2 分手帶來的羞恥感如何釋懷

分手或感情出現破裂以後，還有一個和憤怒同樣傷人的情緒便是羞恥感，或再加上愧疚的感覺——羞愧感。

憤怒讓人產生攻擊性，要麼對外攻擊，要麼對內攻擊，無論哪種攻擊都可能會破壞一個人的身心健康和人際交往。而羞恥感和憤怒不一樣，羞恥感是一種禁錮的力量，它會讓人退縮到某個角落，讓人覺得真實的自己見不得光。羞恥感會阻礙一個人向外尋求連結和發展，禁錮一個人的成長和生活。

如果你在分手以後，或在某一段人際關係中總是感到自己有一種羞恥感，更直白地說，總是覺得自己讓對方丟臉，總是害怕一些事情被別人知道和評價，那你就要警惕這種情緒了，你要試著把這種情緒控制在一個合理的範圍內。甚麼是合理範圍呢？適當的羞恥感或羞愧感是一種提醒，

讓人做出行動去改變和彌補，但如果羞恥感或羞愧感過於強烈，就會徹底變成一種禁錮。

無論是羞恥感還是羞愧感都有一個特徵，就是這兩種感受本質上是公開的。甚麼意思呢？這兩種感受都有實際的或假想的觀眾，他們都產生於其他人對我們的所思所想、行為或錯誤等的評判。

所以當你產生羞恥感或羞愧感時，你的心中一定有某些人的目光和評價，可能是嘲笑、嫌棄、鄙視等。這些目光與評價既可能來自對方或其他人，也可能來自你自己，而這種情況在一段健康的關係中其實很少見。如果一段關係總是讓你產生羞恥感和羞愧感，那麼你需要改變這段關係或離開這段關係，在這一過程中，更重要的是減少它們帶來的消極影響。

羞愧感的來源

我想先帶你向內探尋羞恥感或羞愧感的來源，然後再向外探尋羞恥感或羞愧感的「觀眾」又是哪些。羞恥感或羞愧感是很深很深的情緒和觀點，情緒是一種感受，而觀點是一種評價，兩者幾乎是互相交織又互相促進的。僅這一節的內容很難幫你迅速地根除這些感受，但應該能給你一些新的認識和啟發。

我們假設兩個人是正常分手的（不正常的分手可能包含長期的語言暴力或分手前的謾罵和詆毀等），一些人在分手後感到難過，覺得「他不愛我了」「他離開我了」，這兩句話在某種程度上都在反映客觀事實，而事實的確讓人傷心、遺憾和痛苦。但分手後如果感受到的是羞恥感，背後通常有這麼兩句話：「他拋棄我了」「他不要我了」。這兩句話和「他不愛我了」「他離開我了」的區別是甚麼？這兩句話把自己放在了一個被動又從屬的位置上，自己處在被選擇的位置，處在只能等待他人選擇的狀態，而當自己被選擇以後便屬對方，對方不僅選擇了你，也賦予了你的價值。

對方「拋棄」你，不僅意味着你覺得對方否認了你的價值，還意味着你覺得你和你的價值都消失了。不僅如此，在你的腦海裏還有一些這樣的畫面：對方在指點你、嫌棄你、嘲笑你甚至是厭棄你，或有其他人正在因此嘲笑你和指點你。正是這樣的想法和畫面讓人有了羞恥感。

那這背後是甚麼呢？是對自己存在感和價值感的恐慌和看低，也就是通常所說的「低自尊」。低自尊的人更容易體會到羞恥感。而在分手後，有羞恥感的人不僅視離開為「拋棄」，更是把「拋棄」的原因歸結到自己身上，認為都是自己做得不對，所以對方拋棄了自己。

實際上每個人都會有所欠缺，都會有不足和不夠好的地方，一些低自尊的人認為的「不好」，很可能只是所有人都有的「不完美」。

低自尊會反映在很多地方上，從自我批評到自我貶低，從不敢提要求到討好型的行為模式（毫無選擇地、近乎強迫性地委屈自己去滿足他人），從缺乏社交到離不開對自己很糟糕的人等，這一切都讓人難受又強迫性地無法停止。

他很可能一直生活在對自己的批評中：沒用、不聰明、沒魅力、胖、皮膚差、過於焦慮、沒有幽默感等，也就是各種各樣的「不好」；而當你告訴他，他身上有閃光的地方，比如他眼睛很美、思考很嚴謹、善良等，他要麼覺得你說的根本不是事實、只是在安慰他，要麼覺得「這得看和誰比了」，他總能找到顯得自己「不好」的比較對象。

解讀「低自尊」

低自尊既是一種感受也是一種觀點。那麼，低自尊的人如果想要靠自己提高自尊應該怎麼辦呢？讓自己變得更好嗎？這是一個誤解。

如果想找到提高自尊的方法，我想先和你聊聊「自尊」究竟是甚麼？「自尊」其實是你對自己是甚麼樣的人的感受和觀點。低自尊是消極的感受和觀點，而高自尊就是積極的感受和觀點。

看到這裏，你可能已經明白：自尊本質上是一種主觀感受和觀點，而不是客觀事實。所以，很多人在想要靠自己提高自尊時，常常會去努力提升自己，例如讓自己變得更美、更有錢、學歷更高、更幽默等，這麼做對於原本就對自尊感持積極態度的人來說是有效的，但是對於原本對自尊感持消極態度的人來說，很可能無濟於事，因為他始終能找到不完美的地方來「戰勝」自己的努力和提高，重新回到自尊感消極的地方去。

你也許會想，既然實際做法不一定起作用，那我可以向自己暗示積極的自尊感。比如告訴自己：

- 我是一個人
- 我是一個有價值的人
- 我是一個有價值的、值得愛與被愛的人
- 我是一個有價值的、值得愛與被愛的、可貴的人
- 我非常非常可貴！

試着默念這段話 3 遍，仔細觀察內心的感受，或許你會體會到交雜的溫暖、有力、困惑和懷疑帶給你的複雜的感覺。

但接下來，我要請你做一件不那麼積極的事，請默念下面這句話：

- 我是一個沒有用處的、沒有價值的、一點都不值得愛與被愛的、甚至不配為人的人。

這句話是很多低自尊的人進行自我攻擊的一個極端例子。對低自尊的人來說，積極的自我暗示和消極的自我暗示在無休止地鬥爭，積極的自我暗示有時會取得暫時的勝利，但習慣性的消極暗示卻往往更為頑固。

對此我們究竟應該怎麼辦呢？**第一個重點是先暫時撇開感受，直接投入生活**。用來評價自己的時間與精力愈多，可以用來投入現實生活的時間與精力就愈少。試着用心理學中的「奇跡提問法」問問自己：假如有一天你醒來發生了一個奇跡，你變成了一個高自尊的人，這樣的情況下，你會做甚麼？這個問題的答案是甚麼，你可以現在就去問問你自己。如果暫時想不到答案也不用着急，這本書會慢慢帶着你找到你的生活答案。

另一個重點是找到真相。比如對分手結果的歸因：對方是不是因為「你不好」而「拋棄」你？愛情是甚麼？感情關係又是甚麼？

感情的起起落落與開始結束一直是一件很複雜的事情，剎那的心動也好，愛的突然或日益消失也好，這些事和「好不好」關係很小。比如，無論是多麼人見人愛的人也會有人對他毫無感覺，無論是多麼萬人嫌的人也會有人對他死心塌地。再比如，同樣是看伴侶的電話，有的人會覺得這是關心和好奇，帶給他的感受是愉悅的、有趣的；有的人卻覺得這是懷疑和防備，帶給他的感受是緊張的、消極的。

其實我想告訴你的是：**分手和你是否有價值或是否足夠優秀沒有關係。**

分手絲毫不會影響你的存在感和價值感。存在感和價值感始終牢牢地握在你的手裏，在你自己的心裏、腦海裏。希望你能隨着閱讀慢慢發現原來你還有其他視角可以重新看待感情和感情中的問題，不再覺得是因為自己「不好」所以對方「不要」你了，重新發現一直在你手裏的存在感和價值感。

帶給你羞恥感的「其他人」

接着我們來看羞恥感的第二個來源：外部來源。這是指一開始說的那些嘲笑你、指點你、嫌棄你的其他人，也就是來自外部的目光和評價。我想請你放下書，回想一下，帶給你羞恥感的「其他人」有哪些？**也就是讓你懷有羞恥感的觀眾是哪些？**

你可能從某些渠道了解到心理學研究表明，其他人並沒有像我們想像中的那樣關注和在意我們，但這個結論並不是想要提醒你「正因為其他人不在意你，所以你不必為因為他們感到羞恥」。相反，他們很可能的確很在意你，所以才對你做出這樣過分的事情。

這個結論僅僅希望你能明確自己的羞恥感的外部來源。你必須知道羞恥感是怎麼來的，這樣你才能知道誰、在甚麼樣的情形下，會激發你的羞恥感。然後，你才能去辨別那些觀眾是善意的還是惡意的，是想激勵你發展和成長、還是僅僅只想打擊和消遣你？（確實會有些人以取笑他人為消遣）

如果他們的出發點是善意的、激勵性的，那你要做的是告訴他們這個方法讓你備受煎熬並和他們商量一下，讓他們

換一個方式。但如果他們的出發點是惡意的、打擊性的，你要做的就是遠離他們，而不是停下來與他們鬥爭，你投入愈多的時間與他們鬥爭，你為自己而活的時間就愈少。

如果努力之後還是遠離不了他們，那就請你為自己奮起鬥爭一次，告訴他們：「不要這麼對我，我不接受。」如果他們與你爭辯，不用與他們講道理，因為你們之間若是可以講道理，他們一開始就不會這樣做，你要做的依然是堅定地告訴他們：不要這麼對我，我不接受。當你再三嘗試，他們卻依然毫無改變時（這是非常可能發生的事），試着告訴自己，他們的話你不必聽，你可以按自己的意願生活。

所有人生來都對這個世界持有開放的、好奇的態度，也總是關心與關愛自己。只有當周圍人逐漸讓他覺得自己是丟臉的、見不得光的、毫無價值的時，一個孩子或一個成年人才會漸漸形成根深蒂固的低自尊。其實，根深蒂固的是那種羞愧的、羞恥的感受，正是伴隨着這些感受，低自尊的觀點才逐漸紮根。

所以消除羞恥感和羞愧感不是一朝一夕就能達成的事。你既要更新自己的感受，也要更新自己的觀點。之後的內容會進一步幫助你做到這些。

本節要點

　　羞恥感和羞愧感都是一種公開的感受，這些感受都有真實的或假想的觀眾。在一段健康的親密關係中，羞恥感和羞愧感其實很少見。

　　你的自我價值感始終在你的手中，和是不是有人愛你、是不是有人離開了你沒有關係。

　　羞恥感和羞愧感的背後還有我們對自我的消極評價，也就是人們通常所說的「低自尊」，而努力讓自己變得更好並不能提高自尊。

　　想要真正地提高自尊，就要直接行動。更有效的方法是找到事情的真相並重新選擇合適的環境。

行動指南

1. 用「奇跡提問法」問自己：假如有一天你醒來發生了一個奇跡，你變成了一個高自尊的人，這樣的情況下，你會做甚麼？——這個問題的答案是甚麼，現在就問問你自己吧。
2. 找到羞恥感和羞愧感的外部觀眾，改變他們的行為或努力離開他們。

如何停止
怨恨與悔恨

其實怨和悔本質上是一樣的，
只是對象不同。

怨是甚麼呢？就是你認為他原本可以不做那些事但他做了，或原本可以做到一些事，但他沒有做。**悔是甚麼呢**？就是你認為自己原本可以不做那些事但你做了，或原本可以做到一些事，但你沒有。你覺得真實發生的一切是不應該的、是錯的，並且你依然對想像中的「應該」版本懷有期待。

在所有深度連結和感情互動的關係中，怨恨和悔恨都太容易發生了。因為深度連結意味着敞開，而敞開意味着傷害會更容易發生。在感情關係中，我們都會受傷。有時是有意的傷害，譬如因為偏見、生氣或想讓你注意到他；有時是無意的傷害，譬如因為焦慮、不安全感、忙碌或單純的忽視。

現代的感情關係中傷害正在變得越來越常見。因為每個人都或多或少地有些焦慮和不安全感，每個人也都因為生活的快節奏而越來越忙碌，於是，當兩個人在一起時，可能開心快樂是雙倍的，但有時一個人的煎熬也會變成兩個人的煎熬。

我們常常以為愛情可以安慰我們。當我們直白地袒露自己的焦慮、害怕和擔憂時，愛我們的人的確會安慰我們。但是，每個人的焦慮、害怕和擔憂常常以偽裝的形式表現出來，例如指責、埋怨和冷戰等，這時如果對方沒能覺察到這些表面行為背後更深層的原因，便感受不到你脆弱的、正在尋求幫助的內在，只看得到那正在飛舞的刀光劍影。

很多傷害都在這樣的誤會下發生，而傷害一旦發生，兩個人的爭鬥就會進一步。這爭鬥不是為了贏過彼此，而是為了證明誰更在乎誰──我因你受傷，是因為我在乎你，如果你也會因我而受傷，就說明你也在乎我。怨恨的背後都有兩個字：**在乎**。但不論傷害因何而起，傷害一旦發生，就成了事實。我們無法改變事實，因為我們無法回到過去。我們可能會一遍又一遍地回想這些傷害，這樣做其實擴大了我們的怨恨。

在諮詢中，來訪者常常問的一句話是：「為甚麼他要這樣

對我？為甚麼會這樣？這不公平。」一個人之所以怨恨一件事情，一定是他覺得別人在這件事情上毫無值得理解或諒解之處。而悔恨呢？悔的是自己對對方造成的傷害，或是對自己造成的傷害。一個人會悔恨，也一定是因為他覺得自己在這件事上毫無值得理解或諒解之處。

如何停止怨恨和悔恨

怨恨和悔恨都代表在乎，只是它們都是具有傷害性質的在乎的方式，你要用建設性和成長的方式去看待，試着去理解和諒解，哪怕只是理解。有些理解最終會帶來**原諒和寬恕**，有些理解會帶來徹底的**絕望和死心**，無論哪種結果都是在消解這份怨恨與悔恨，終止內心因過去發生的事實而承受的煎熬。

理解不意味着給傷害找理由，理解是一個認識自己和認識對方的過程。即使你內心想着再也不要和對方發生任何關聯，再也不要為對方付出任何精力，也可以試着去理解對方。為甚麼呢？因為我們這樣做不是為了對方，是為了我們自己，是為了解開正在讓自己受盡煎熬的心結。而且，從根本上來說，這是一個認識和理解人性的過程，只要做得好，你就會理解感情中的其他人和事，這對你的未來也是有益的。

那麼，甚麼是理解呢？原原本本地弄清雙方是如何一步一步走向了傷害彼此的境地的。試着問自己或對方以下這些問題，如果問不了對方，就試着自己替對方找答案。

傷害發生前的那些日子，你在經歷些甚麼，那些人和事帶給你怎樣的感受和想法，尤其是讓你產生了哪些變化；在傷害發生的當天，造成傷害的事件是你臨時起意還是預先計劃好的，如果是臨時起意，發生了甚麼事讓你這樣行動，如果是預先計劃好的，又是因為甚麼選擇在那天行動。

你知道這麼做會對對方造成傷害嗎；如果傷害的最高程度是 10 分，你當時預想你造成的傷害是幾分；而實際造成的傷害又是幾分；當你看到我（或對方）正在經受傷害時，你的感受和想法如何。

如果當天可以重來，你還會這麼做嗎？

問你這些問題其實是想找到下面 2 個關鍵問題的答案。

第一個問題是，是否在某種意義上，即使你無意傷害對方，但只要對方觀察你更長久的生活狀態和你當時所處的狀態，傷害就幾乎必然發生？例如，一個疲於生活、壓

力很大的人，對親近之人的忽視與情緒發洩幾乎是可以預見的。如果的確是這樣，我們就可以知道這份傷害並不是針對我們的；也可以知道，不從一段時間而從整個人生來看，這份傷害只是一份人生積累或是命運的偶然導致的結果，並不存在靠一時意願可以改變的可能性。想像中的「應該」版本其實不存在。

這樣想會讓我們放下對改變過去的執念，有些改變要發生，幾乎需要把整個人生都回顧一遍，不只是兩個人在一起的日子，還有更早的、彼此各自出生以後的日子，甚至需要彼此重新形成新的性格、思維和感情觀等，真的這樣的話，你就不是原來的你了。

第二個問題是，傷害是不是故意的，對方是否根本不在意你的感受？他是故意用傷害的方式達成他自私的目的，譬如讓你完全服從他。通常，當人們明白這一點，怨恨中的「怨」就會消失，會留下更純粹的「恨」。怨是因為對對方仍舊懷有期待，當不再懷有期待、怨恨只留下恨時，我們要做的便是減少恨意對生活的破壞，增強自己的行動力。

消解怨恨一直是比較難的，放下在乎和期待的關鍵在於，讓自己意識到自己或對方所做的傷害**或是偶然**（傷害並不針對彼此，而是各種機緣巧合下的結果），**或是必然**（傷

害的種子早就埋下，幾乎無論怎麼樣都會發生），如此便能放下將事實改變成「應該」版本的執念。

如果暫時放不下改變的執念，我們就來看怨恨和悔恨背後的另一個關鍵點。

你怨的或你悔的，是傷害行為的本身還是傷害行為的結果？

首先來看怨恨。譬如出軌，你怨恨的是出軌行為本身還是出軌後關係的破裂和痛苦的結果；再譬如分手，對一些人來說分手便是傷害行為本身，而分手後的痛苦是傷害行為的結果。為甚麼要關注我們怨恨的是行為本身還是行為結果呢？因為行為是一個人的行為，而結果是兩個人共同造成的結果。同樣的行為，兩個人不同的互動，很可能會使事情走向不同的結果。還是以出軌為例，被出軌的這一方有時不僅失去了愛和愛人，還會失去一直以來的生活保障。當人們沒有穩定的經濟來源和住所時，生活的狀況便會一落千丈。如果被出軌者之前也曾有發展事業的機會，卻為了愛情犧牲了，那如今的局面幾乎必然會帶來怨恨。

那麼問題是，被出軌者怨恨的究竟是出軌行為還是他現在面臨的局面？如果是混合的，哪個影響更大？或換個問

題，如果局面與現在不同，譬如自己的生活質量沒有下降，甚至更好了，那麼，怨恨的程度會不會小一些？以上文中被出軌者的情形為例，當被出軌者意識到怨恨的對象既包含行為也包含行為導致的結果時，就可能進一步意識到，行為已然改變不了，但結果依然有機會改變。

很多時候，人們混淆行為本身和行為結果，忘記了自己的主動性，忘記了即使我們改變不了行為本身，也我們依然有機會改變結果。即使對方做了傷害你的事，你依然有機會去減少這份傷害，也依然有機會讓傷害不再發生。

所以，當你怨恨時，試着分清在多大程度上你是在怨恨行為帶來的結果，然後問問自己，怎麼做可以改變現在的結果？

接着我們來看悔恨。問問自己，你悔恨的是行為本身還是行為結果？

如果是行為本身，試着懺悔和道歉，哪怕是寫一封對方不會看的信件，把心中所有的後悔、愧疚都寫下來。這既是讓悔恨有了一個「落定的空間」——在紙筆之間，也是讓你的所思所想有了表達的機會。

當然，如果對方能看這封信自然是更好的。

需要注意的是，你所悔恨的過去很可能是對方心裏的一根刺，是他或許想遠離、依然很氣憤的過去。你即使滿懷歉意地道歉，也依然有可能被誤會、指責甚至謾罵等，也有可能對方會告訴你他不想聽、他永遠不會原諒你，或他已經不在乎了。這時候，你要提醒自己，如果你只是想消解自己的悔恨感，對方沒有義務去配合你。而如果，你想消解的是對對方的傷害，那麼尊重對方的意願是更重要的事。如果對方需要的是和你拉開距離，那就努力給對方他想要的，而不是把你的道歉強加給他。

如果你悔恨的是結果，例如對方正在經受的結果，又例如自己正在經受的結果，那問問自己和對方，甚麼樣的行動可以改變這個結果？如果能做到的話就盡力去做、去彌補——不過還是要記住，一定要尊重對方的意願。

總之，當我們怨恨和悔恨時，我們的確改變不了過去，但我們有機會**接納過去**，**改變現在**和**未來**。

本節要點

感情關係愈是深刻，彼此愈是敞開，傷害也愈難以避免，而這些傷害帶來了怨恨和悔恨。

我們要用建設性和成長的方式重新應對怨恨和悔恨。對事情的客觀理解本身能帶來寬恕或死心，它們之中的任何一個，都能讓你放下。

判斷怨恨和悔恨的對象是傷害行為本身還是傷害行為的結果，行為是一個人的行為，而結果是兩個人共同造成的結果。如果你所怨恨的、悔恨的是結果部分，你依然擁有主動權。

行動指南

1. 用這節中的問題或發揮你的智慧去提問，找到那些傷害行為背後的原因。
2. 對於怨恨，主動去改變結果。
3. 對於悔恨，道歉並盡力彌補，記得一定要尊重對方的意願。

1.4 不是每個好心的朋友都能幫你

一段關係破裂時，我們還有朋友。與父母聽聞分手後的擔心、生氣、埋怨和指責相比，朋友似乎能幫我們更多，他們既關心我們又不會過度關心我們。

一段關係結束了，生活中就常常會多出很多空閒時間。在空蕩蕩的時間和空間裏，我們突然無人依靠。週末想有人陪的時候，夜裏想有人一起取暖的時候，壓力很大又想哭又想罵人的時候，那個他不在了，但朋友依然可以成為在身邊或在手機熒幕對面的那個他。

更重要的是，愛情的結束和關係的破碎可能會讓你猝不及防地變得不再「完整」，好像靈魂忽然丟了一半。分手時，我們失去的不僅僅是愛人和愛情，還有那個在愛情裏的自己、愛人眼中的自己、曾經被愛着的自己。這時的我們，對自我的認識往往是迷失的，自信也會變得不再有力，行屍走肉是悲傷的外在表現，天旋地轉是內心深處正

在發生的事。

而這時候，朋友卻可以像一面鏡子，讓你既看到那個脆弱的你，又看到那個失戀之外的你，看到你身上依然存在的光芒和堅強。我們需要朋友，朋友在這個時候能幫我們找回一部分自己。但是，不是每一個好朋友都能在這個時候幫你，也不是每個好朋友都適合在這個時候幫你，如果你的求助對象恰好是「錯誤」的，那你很有可能受到二次傷害。

甚麼是二次傷害呢？就是在你的傷口還在流血、你還癱在地上時，朋友不僅沒能幫你止血、扶着你站起來，反而可能讓你更為衝動或憤怒。譬如，他可能會說：「他實在太過分了，我們去找他說清楚，他怎麼能躲着你、不肯見你，走，明天去辦公室找他！」又或用看似正確卻冷冰冰的話讓你更加壓抑和沉默。譬如：「當時就告訴過你他不可靠，現在分手了也是一件好事，趕緊往前看吧，別想他了。」

那甚麼樣的朋友可能不適合這時候求助呢？或甚麼樣的朋友在這時候是好的求助對象呢？

我從兩個角度將朋友分成了 4 種（見圖 1-1）：

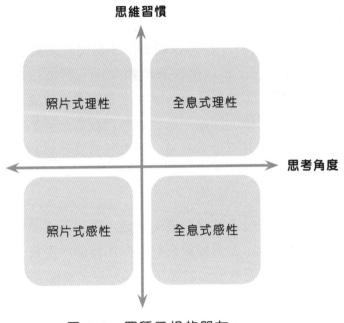

思維習慣

照片式理性　　　全息式理性

思考角度

照片式感性　　　全息式感性

圖 1-1　四種風格的朋友

第一個是從思維習慣上，將朋友分為**感性**的好朋友和**理性**的好朋友，這個比較好理解。感性的好朋友會更關注你的情緒，你哭他會難過，你生氣他會陪着你一起生氣甚至比你更生氣。理性的好朋友則會幫助你分析對錯與利弊，或直接告訴你分手是好事，既然分手了就應該向前看。

第二個是從思考角度上，將朋友分為**照片式**的好朋友和**全息式**的好朋友。照片式的好朋友比較好理解，就是他平時對人或事的看法往往像照片一樣，角度單一又固定。看問題的角度比較單一，形成的看法往往也比較絕對，譬如「出軌就是渣男」「男人就應該照顧女人，就應該送女人禮物」，等等。而全息式的好朋友，他的看法更完整、也更客觀。譬如同樣的問題，他會試着回顧你分手的整個過程，從多個角度分析這個問題，還會試着找到雙方在分手這件事上的責任。

要注意的是這四種朋友沒有優劣之分，不同的朋友會帶給我們不同的快樂，也會帶給我們不同的體驗。而且分手後我們在不同的恢復階段也需要不同的好朋友幫助我們。

剛分手時，我們有兩個重要的任務。

第一個任務是，包紮自己的傷口，盡量平復自己的難過、痛苦和無助等情緒，不擴大這個傷口，不讓自己有更糟糕的感受；另一個任務是，調整與這段關係相關的所有生活上的打算和對未來的打算。其中一些關於更遠的未來的打算我們可以之後再考慮，等到我們將自我重建得更好時再做決定，因為那時，我們能做出對自己更好，也讓自己更幸福、更獨立的決定。所以，關於更遠的未來，我們先不

要急，先等一等。但關於現在，我們必須儘快做出打算。

於是，剛分手後的這段時間的「怎麼辦」包含兩點，一個是情緒上的怎麼辦，一個是生活打算上的怎麼辦。關於前者，相對感性的朋友更能幫助我們，而關於後者，相對理性的朋友更能給我們建議。

我們來具體看這 4 種朋友。假設現在的情況是：Ａ和男友在大學相識相戀，畢業後，Ａ繼續升讀碩士，男友開始工作。因為環境改變，他們見面的時間越來越少，平時能打電話的時間也很有限。Ａ找男友聊天時，男友總是有事在忙、在打遊戲或在睡覺。難得週末，他們約會、逛街、看電影時，男友也常盯着手機，時不時接到工作電話。Ａ向男友抱怨，男友說這樣他也沒辦法。後來再問，男友便顯得不耐煩了。

Ａ越來越覺得男友不愛自己。有一天，她越想越難過，又氣又傷心地和男友在通訊軟件上提了分手。原本以為男友會像以前那樣立刻打電話哄她，沒想到男友隔了好久，只是回了一句：「你真的是這麼想的嗎？」

Ａ更生氣了，便回了一句：「是，我要分手！」
男友說：「好，那我們分手吧，祝你幸福。」

A看到這句話有些愣住了，回過神來後立刻開始哭，一邊哭，一邊找了室友們和實習認識的姐姐傾訴此事，而這幾個人恰好分別是以上 4 種類型朋友中的典型，她們會做出以下回應。

照片式感性的朋友會說：「他怎麼可以這麼做，寧願打遊戲也不來哄你！他就是逼你提出分手，不要再理他了！你值得更好的！」他們會關注你的情緒，但通常只會關注你的某一種情緒。可你在分手後，身上的情緒往往很複雜。但是，如果他們關注的情緒恰好是你分手後最強烈的情緒，他們會讓你產生強烈的共鳴，會讓你覺得自己不是一個人，你還有一個朋友緊緊地握着你的手與你一起發聲。

全息式感性的朋友會說：「A 你是不是很難過？唉，你看你們以前也挺甜蜜的，現在這樣真是可惜……也不知道他是怎麼回事。唉，你難過你就哭吧，我陪你。」他們會看到你更多的情緒，不僅是分手後的，也有分手前的。你會覺得他們像一條溫暖的被子一樣包裹着你，和你一起抵禦分手後的各種情緒。

看到這，你可能會覺得全息式感性的朋友比照片式的朋友好，其實不是這樣的，為甚麼呢？因為全息式感性的朋友比較溫和，雖然能讓你感受到陪伴和理解，卻無法讓你感

受到強烈的共鳴，而人孤立無援時是需要強烈的共鳴的。

上面這兩類朋友，在你分手後都能陪在你身邊，這是最好的。照片式感性的朋友可以陪你一起吶喊，但他也可能會讓你衝動行事。而全息式感性的朋友會在你衝動時幫助你平靜下來，也會在你不想吶喊而想靜靜地傾訴時，聽你慢慢訴說。

下面我們來看理性的朋友。理性的朋友也會關注你的感受，但是他們提到你的感受時，更多的是希望你能冷靜下來，對未來做出打算和行動。理性的人更關注交流與陪伴對你的作用，他們也是為你好，這個好更偏向有實際用途的好。譬如：

照片式理性的朋友會說：「可能他工作以後人變了和以前不同了，既然你們兩個人都已經決定分開，就好聚好散吧。你也整理整理，專心讀書，也為工作好好做準備。」他們會分析你的情況並且給出建議。但是照片式理性的朋友給出的分析角度通常比較單一，結論也比較絕對。這些分析和結論有時是對的，但有時也會出現很大的差錯，畢竟他們可能不了解事情的全貌。另外，他們會試着從「為你好」的角度給你建議，這些建議是他們認為更好的做法，但對你來說，這個建議可能恰好是你最合適也最喜歡的，也可能是你並不贊成的做法。

看到這裏，你可能會猶豫是否向這個類型的朋友求助。不過，在我們茫然失措但又必須做決定並行動時，這個類型的朋友會給我們很明確的指令，只要指令本身有利無害，那照他的話去做是不錯的選擇，譬如上文中的「好好讀書」就是個有利無害的指令。再譬如去旅遊、去健身、去看書等也都是有利無害的指令。這類朋友就像一望無盡的黑暗中的燈塔，讓你不迷失。

全息式理性的朋友會說：「可能他工作後經歷了一些事，可能他也承受着很久的壓力，你們現在這樣都不冷靜的狀態可能也很難溝通。先別急，這兩天冷靜一下。等之後冷靜一些了再做打算，反正你們以前是同學，也不是分手了就再也見不到了。」他們會試着幫助你，不僅從你的角度，也從對方的角度做出更全面的分析。而且他們給你的分析和結論都是開放性的，不像照片式理性的朋友那樣會斬釘截鐵地得出結論，全息式理性的朋友會試着推測很多可能性。

另外，他們也不會給你明確的指令，因為他們知道生活是你自己的，你最明白自己發生了甚麼事、需要怎樣的現在和未來，所以他們不會替你做決定，他們通常會給你一些幫助你更好地做決定的建議，譬如上文的「先冷靜一下」。再譬如，他們可能還會引導你去了解更多的信息，

了解在分手前後究竟發生了甚麼事，對方在這段時間是如何思考的，有沒有其他重要人物的參與和影響等等。比起給出結論，他們更在意如何引導你搜集信息，然後讓你自己得出結論並做出決定。

這個類型的朋友看起來如同良師益友，但如果你當時在感情上很脆弱，在意識上很茫然，他們的分析和建議你不一定會有力氣去完成。在分手後，我們也許會經歷一段氣若遊絲的日子，那時的我們很虛弱，這個虛弱不只是身體上的虛弱，還有精神上的虛弱。所以，雖然他們給的建議很好，但也要等我們有力氣了再去思考和實行。

上面這兩類朋友，也是最好都能陪在你身邊。因為前者給你的結論如果太片面，可能會讓你做出錯誤的決定，而這個時候後者就可以拉你一把，不讓你走偏。當後者給出的建議讓你覺得太繁雜難以實現時，前者能讓你先行動起來，只要行動起來，不留在原地，分手後的我們確實就會感覺好些。

分手後朋友的陪伴很重要。如果可以，你應該盡可能找到這 4 種類型的朋友，他們會給你全方位的幫助和陪伴，會讓你慢慢平靜下來，慢慢重新找回你自己，也重新回歸到你想要的生活中去。

朋友可以幫我們找回一部分的自己。

但如果求助的朋友不適合，便會造成二次傷害。

你的朋友無論在思維習慣上是感性還是理性的朋友，無論在思考角度上是照片式或全息式，都能在分手後為你提供幫助，你要有意識地選擇不同的朋友。

行動指南

1. 回顧身邊的朋友，看看他們分別屬哪種類型。
2. 寫下你目前想要獲得的幫助，向對應的、適合的朋友求助。

1.5 用這幾個不費力的
動作讓身體先走出痛苦

分手以後，身體的痛苦絲毫不亞於心裏的痛苦，而且身體上的痛也是一種切實的感覺。譬如，悲傷、難過帶來的心臟痛就是真實的。

你知道這是為甚麼嗎？因為人在極度悲傷、難過時，會影響大腦和迷走神經的運作。迷走神經是身體內最長、分佈最廣的一條腦神經，它支配呼吸系統和消化系統。人在難過時迷走神經會失調，心臟就會受影響，心肌會缺血，你就會心痛。

所以，我們的心靈在受傷害時，身體其實也在真實地遭受痛苦。只是心靈太痛苦以致我們忘記安慰和照顧身體，甚至以喝酒、吸煙等方式去麻痹痛苦。因為太痛苦了，哪怕只能忘記一下，沉浸在幻想裏一陣子也是好的。

煙酒都有麻痹大腦神經的作用，所以，其實喝酒和吸煙既

轉移了我們對痛苦的注意力，讓我們把感覺轉移到了煙酒對身體刺激上，還抑制了痛苦的記憶，增加了幻想的可能性。這就是為甚麼煙酒總是一部分人痛苦時的選擇，因為它們實實在在地能起到一些作用。但是，煙酒的二次傷害也是真實的，無論是第二天頭痛欲裂、噁心想吐的感覺，還是煙酒對大腦和身體健康的影響。所以希望你不要用煙酒來緩解身體的痛苦。正如《愉悅回路》這本書中所說：「因為忘記和麻痹都是暫時的，痛苦沒有絲毫改變，而且煙酒還會對大腦和身體造成二次傷害，這種傷害甚至會持續很多年。」

當有一天，你想以最好的自己愛他人，無論是愛戀人還是愛孩子，或當你想體驗這個世界時，好的身體和健康將是你無比渴望的。

所以，我們儘量用一些**真正能照顧自己身體的方式來解決痛苦**，好嗎？

下面這些方法，是我自己和很多朋友結合理論知識和實踐後得出的經驗，諮詢中我也用這些方法幫助了很多痛苦的來訪者。有些方法看起來很樸實，甚至有點老生常談，但有用的方法就是最好的方法。相信我，去嘗試一下，你會感受到真正的改變。

分手後最讓人感到掙扎的莫過於觸景生情，所以人們總用旅行來治癒分手的痛，因為一個陌生的地方可以避免觸景生情。但旅行不是長久之計，很多人依然要回到原地繼續生活，也不是所有人都能在分手後有一場說走就走的旅行。我們還是要住在原來的地方，走一樣的路去一樣的學校或公司，面對熟悉的臉龐。這些「一樣和熟悉」都會喚起我們的難過的回憶。

那怎麼辦呢？你要主動給大腦製造陌生感。所有的觸景生情都是因為大腦本能注意到了某個熟悉的線索，這個線索喚醒了你的記憶和感受。但大腦還有個強烈的本能，就是當熟悉環境中出現新的事物時，它一定會注意這個「新」，這個新帶來了陌生感，大腦會對它產生警惕和好奇。旅遊其實就是製造陌生感的方式。

那怎麼在熟悉的環境中製造陌生感呢？在你住的房間裏，我們既可以變換家具的擺放位置，也可以貼海報、貼牆紙改變你每天睜開眼後見到的景象。當然，除了這兩種方法之外，你可能還會想到更好、更適合自己的做法。我們追求的目標是：你每天睜開眼，會覺得房間有點陌生，有些角落還需要你仔細辨認，有些海報會喚起你內心的勇氣和憧憬。除了房間，你還可以改換日常用的物品或辦公室的陳設等，以這些小成本的做法增加陌生感。

看到這裏，你可能也已經明白了為甚麼換個髮型也能緩解分手的痛苦，因為換了髮型以後，我們每次看向鏡子都會覺得有些陌生，這會讓你重新注意自己。而這些陌生感會逐漸減少觸景生情產生的悲傷。

失眠和抑鬱

失眠和抑鬱常常相伴而生，而且彼此的互相作用會使兩者都變得更嚴重。

酒精對治療失眠沒有用處，雖然人醉到某個程度會昏睡，但實際睡眠質素並不好，因為酒精會讓大腦神經變得興奮。而且由於酒精的刺激效果會逐漸降低，所以會越喝越沒有用處。

那甚麼是有用的？**曬太陽**。因為太陽有助於褪黑色素的合成，褪黑色素會幫助你在夜裏成功入睡。太陽會幫助身體生成鈣和血清素，這兩者不僅對促進睡眠有作用（都有鎮靜神經的作用），而且鈣會有助於新記憶的形成。分手後，大腦內記憶的更新離不開鈣的幫助。而血清素則會讓人快樂。除了血清素，多巴胺和安多酚這兩種物質也會讓人追尋快樂。血清素可以靠曬太陽獲取，多巴胺可以靠朱古力之類的食物獲取。安多酚又被稱為「年輕荷爾蒙」，

可以靠運動刺激分泌，因此最好堅持 30 分鐘以上的運動。如果運動暫時對你有點困難，深呼吸也可以刺激內啡肽的分泌。

除了曬太陽和運動，飲食也很關鍵。我知道抑鬱的情況下有時吃東西如同嚼蠟，甚至嚴重抑鬱時吃東西還會反胃。但一定要吃，因為攝入必要的營養既能保證身體和大腦的健康，也會減少你的痛苦。人的痛苦寄居在身體和大腦裏，這就是為甚麼想減少痛苦就一定要照顧好身體和大腦。

但是不要勉強自己。分手後有兩種做法都會給自己帶來壓力，一種是放任自己，一種是嚴苛要求自己。嚴苛要求自己的人會不管自己是甚麼狀態，該做甚麼就是要做甚麼，看到飲食很重要，就不管自己想不想吃，逼着自己也要吃下去。

最好不要這樣做，**對脆弱期的自己好一些**。心靈受傷時人們往往有一種錯覺，覺得只要自己意志足夠堅定、心理足夠強大，就可以像傷害沒有發生過一樣生活，自己可以像以往一樣要求自己思維和行動，要求自己沒有任何一絲退步和懈怠。

心靈脆弱時，不要這樣嚴苛要求自己，多照顧自己一些，你照顧得越好，你在未來就會越強大、越幸福。而且實際情況和人們以為的不同，無論你意志力多麼強大，這時候你的思維和行為也無法同往常一樣。因為身心一體，心靈受傷，身體也會受影響，而且心靈受的傷如果不經照顧，對大腦的影響會更加久遠。在脆弱期，不管是對待自己的心靈還是身體，都要像照顧一個受傷的小孩一樣，溫柔又小心。

那怎麼吃呢？有兩個小建議。

第一個建議是，如果吃固體食物很困難，可以增加流食的攝入，例如牛奶、豆奶、果汁、芝麻糊、蘑菇湯等。第二個建議是，健康的食物和好吃的食物有時是兩回事。譬如，冬甩很好吃卻不那麼健康。但是在分手後，愉悅起來就是「最重要」「最健康」的事。所以你可以閉上眼睛問自己，過往的生活中覺得最好吃的食物有哪些？哪些是現在的你也有那麼一絲想要試試的？為自己找來這些食物，然後細嚼慢嚥地慢慢品嘗。

如果有時候過於悲傷，連吃的時候也會忍不住哭，你可以通過聽音樂轉移注意力，或看電影、電視等，盡可能在平靜狀態下吃下這些美食，為自己留下一些好吃的記憶。

一部分人會抑鬱得吃不下，還有一部分人卻會暴飲暴食。極致的悲傷讓人抑鬱，但悲傷的同時還有一些人感到極致的焦慮，而焦慮之下，人就會暴飲暴食。分手以後的孤獨感和空虛感會讓人更依賴食物，因為食物不僅讓身體不再寂寞，而且轉移了我們對難過和焦慮的注意力。

如果你已經開始暴飲暴食，怎麼辦呢？整本書的內容對你可能都會有幫助，因為這些內容會幫助你調節情緒和認知。只是當下的你，可能更需要把注意力集中在食物上。甚麼意思呢？先不要用意志力去阻止自己暴飲暴食，而是先讓自己嘗試緩慢地暴飲暴食，就是你告訴自己眼前的食物你依然要吃，但是比起以往地抓起就吃，現在我希望你告訴自己，你能靜靜地和它們待在一起，注視它們 1～3 分鐘（建議設倒計時的鬧鈴），然後開始慢慢地吃。試着在吃的時候計時，目標是越吃越慢，你吃得愈慢，就愈能留意到自己真正的感受。感受會教你漸漸停下來。

但如果這些方法還是沒有發揮作用，你可以嘗試去醫院的心理門診就醫，或進行心理諮詢，讓醫生和諮詢師幫助你一起面對飲食背後真正的問題。一些人對此可能會有顧慮，但實際上**心靈受傷了去尋求幫助和身體受傷了去尋求幫助一樣自然又明智**，而且專業的人們會幫助你，讓你的感受好起來，這對你來說才是最重要的事情。

借助電影戲劇

最後，我還想分享一個幫助過很多人的方法，這個方法不僅能幫你度過分手期的煎熬，還有助於人生的建設。就看電影或電視劇，尤其是兩種影片，一種是喚起你的力量和希望的，另一種是小時候深深觸動過你的，有時候這兩種會重疊。

為甚麼是電影或電視劇呢？因為它們都是故事。而我們的人生是甚麼？我們的人生歸根究底是記憶，是記憶中的各種片段和故事。分手後我們很容易封閉自己，即使人的表面行動是工作和社交，心可能也是封閉的。封閉時我們其實退縮到了一個角落，這個角落讓我們看不到人生的更多可能。而電影戲劇能讓我們在退縮的情況下依然看到其他的故事，看到其他的人生可能。而且故事會喚起我們的情緒，如果是悲傷的情緒，它能讓我們釋放壓抑；如果是澎湃的情緒，它會喚起我們的力量。

喚起力量和希望的作品有很多，你要選擇最能喚起你興趣的，無論是有你喜愛的演員，還是故事情節和你的生活很像，或主角是你羨慕和崇拜的人。如果一下子想不到，可以按照勵志電影排行榜選擇，每一部傑出的勵志電影都是對人性的深刻洞察，也是人性光輝的精彩展示。

傑出勵志片中的主角往往依靠努力和積累獲得人生的改變，與普通的因好運而獲得的人生改變不一樣，電影裏的主角不會迴避人生中的壞運氣和「人力有時盡」的事實，他們會盡力展現人生本來的樣子。你就會從中看到人的堅持和努力會帶來怎樣的改變。而且，在這個過程中，你還會看到主人公身上也出現過很多自責、悲傷、憤怒、迷茫等各種消極情緒，他們可能和現在有點糟糕的你很像，這些勵志片最終會讓你意識到：**無論現在的狀態多糟糕，力量和希望依然握在你的手上。**

除了勵志片，另一個選項就是在你小時候深深觸動過你的作品。這需要你多回憶，然後挑一兩部你現在依然有興趣的去看。相信我，重看小時候的電影戲劇會給你帶來截然不同的思考和感受，小時候的你和現在的你跨越時空相遇，這是一種很奇妙的感覺——兩個時空的你的感受、想法不斷交疊，熟悉又陌生的想法和感受會合成一個全新的你。這個方法甚至可以讓你回憶起最初的激情和夢想。長大後我們總是要求自己做個大人，對待自己要麼放任，要麼嚴苛。而人們對小孩總是溫柔的，這個方法會喚起你的溫柔，喚起你對自己內在小孩的溫柔。

到這裏，你已經知道了幾個讓身體先走出痛苦的小方法，我總結一下：減少對煙酒的依賴，主動製造陌生感抵禦觸

景生情，靠太陽和運動緩解失眠和抑鬱，要注意飲食，以及多看些故事。

最後，我想和你分享一個關鍵理念，也是人們在學習心理學後會逐漸形成的一個理念：任何時期都要同時關注和照顧自己的生理與心理，它們互相影響。其實很多人會把心靈與身體割裂開來看，譬如在分手之後的恢復上。人們總是試圖在認知上告訴自己要積極、要往前看，卻忘記管理大腦與身體。管理心靈和管理身體都很重要，並且兩者有不同的管理方式，本節內容就是在和你分享這種理念與一些可行有效的方法。

希望你在生活中嘗試這些方法，相信我，只要你嘗試了，你的身體和心靈都會體驗到痛苦被緩解，身心重新獲得活力和掌控力的感覺，加油！

本節要點

心靈的痛會帶來真實的身體上的痛。

煙酒可以暫時轉移和麻痺痛苦，但長久來看，它們會給大腦和身體造成二次傷害。

主動製造陌生感可以抵禦分手後的觸景生情。

曬太陽、運動和健康的飲食對心靈和身體的恢復都很重要。

好的故事能讓你看向外部的世界，還能讓你與你的內在小孩連結。

行動指南

1. 主動在熟悉的環境中製造陌生感，例如臥室、辦公桌等，無論是貼海報還是增加新的物件，期待你的創意。
2. 在晴朗的日子裏出門散散步，曬點太陽。如果怕曬黑，可以把手心放在陽光底下曬。
3. 每週儘量挑幾天進行 30 分鐘以上的有氧運動。
4. 注意飲食，吃你覺得好吃的東西。
5. 挑選你喜歡的、能觸動你的影視劇，一邊看一邊感受和思考。

第 2 章

先要繼續

生活

低迷的時候，如何維持效率

當感情中的裂縫暴露在眼前時，在突如其來的衝擊後便會體會到各種激烈的情緒。這是一種從心底湧出的、難以抑制的爆發。

其實從積極視角來看，這是在彰顯一個人的主動性和爆發力，只要這份力量轉化得好，不管生活遭遇了多大的打擊，人們都有機會前進和重建。難以應對和轉化的其實是那種從心底生出的絕望與悲涼的感覺，用畫面比喻的話，就好像一座死氣沉沉的城，城門緊閉，城內空無一人，寂靜得彷彿一張永遠定格的黑白照片。這種感覺有時壓抑，有時又氣若遊絲。與火焰般的激烈情緒不同的是，悲哀、悲涼、悲傷、哀傷、絕望等情緒都讓人變得安靜又低迷。看起來他已經平靜了，別人都以為他放下了，但很可能只是充滿活力的他消失了，並不是放下了。

如果你處於這個階段，我想告訴你的是，雖然本節內容的主題是低迷時如何維持效率，但如果真的覺得很辛苦，也可以選擇休息一下，不要太勉強自己。所有人都知道身體勞累時需要睡覺、休養，精神上的低迷也是如此，也需要休養，即使是單純的睡眠也可以讓精神重獲新生。不過，如果你還要完成學業或工作，要繼續有必要的生活，譬如照顧父母、養育孩子等，並且你的心中始終有責任和未來，也真心希望自己能夠維持好這段時間的生活，希望本節內容可以幫助你。

簡單地說，想要在低迷的時候維持效率，有三個關鍵詞：**坦白、捨棄**和**啟動**。

關於坦白

坦白是說，當你低迷時，試着對父母、對周圍的朋友和同事坦白你正處於一個低迷的狀態，你可以直接告訴他們：「最近這段時間我遇到一點感情上的問題，事情本身已經結束了，只是我的狀態還不是很好，需要調整一段時間。但是有甚麼事還是可以直接告訴我，我也會繼續努力把手上的事做好，只是可能會需要你們的幫助和包容。」

坦白的作用是甚麼呢？作用是即使你對他們的態度和與他們相處的方式有變化，他們也知道這是你自身狀態的結果，而不會覺得你是在針對他們。這會為你減少很多這個時期在人際交往方面的不必要的麻煩。

為甚麼要按照以上這番話說呢？人們在聽到消極的事情時，第一反應大多是快速地安慰和轉移話題，這不是因為他們不關心對方，而是因為他們不知道這個消極事件的背後有怎樣深刻的傷害，於是不知道如何去安慰和應對。

所以，坦白的時候先要告訴他們這是感情問題，以免他們猜測成其他事情，例如財務、疾病方面的事；也要告訴他們事情已經結束了，以免他們關心則亂，在你不需要建議的時候依然想幫你出謀劃策；接着表明你依然會試着做自己該做的事，無論是工作和學習，對父母來說，這會減少他們的擔心，對同事來說，這會減少他們的壓力；而最後一句，是在提前表示請求和感謝。

另外，人們可能會對你的狀態低迷的原因有關心和好奇心，但是**你不必為了滿足他人的關心和好奇心暴露隱私甚至揭開傷疤**。如果你不想說，你可以直接告訴對方：「這個階段我還不想談這些事，以後有機會再說吧。」不必勉強自己去回應他們。在你低迷時，你更應該保護自己的感受。

關於坦白，還有一點比較特殊的情況想和你分享，就是如何對還不懂事的孩子坦白？尤其當感情問題與孩子的爸爸或媽媽有關時。孩子能感知你的狀態，如果你有所隱瞞，孩子會感受到現實中的矛盾和不真實，這會影響孩子對現實的安全感。而且，一些懂事的孩子很可能委屈自己來照顧爸爸媽媽的感受。所以，你要直接告訴孩子：「爸爸（或媽媽）這段時間遇到一點讓人難過的事情，所以狀態不太好。但爸爸（媽媽）難過不是因為你哪裏不好，爸爸（媽媽）很愛你，即使難過的時候，也在愛着你，也盡力想要對你好。」

孩子其實也能感知到爸爸媽媽的關係狀態，也會有很多猜測。當孩子對感情關係還不了解時，猜測可能會使他產生十分慌張的想像，譬如爸爸媽媽會突然拋棄他，等等。所以為了避免這種情況，你可以坦白地告訴孩子你們遇到了甚麼事。孩子不一定能理解你真正想表達些甚麼，但是**坦誠溫和的態度與溝通會讓他覺得安全**。

關於「坦白」，以上這些方法都是建立在環境比較友好的前提下的。如果周圍的環境只會取笑和譏諷你的痛苦，你可能反而需要盡可能地隱瞞你的狀況。如果你的情況真的是這樣，我真心祝願你通過自己的努力在未來選擇一個更好的環境，你值得更好地對待。

關於捨棄

如果說生活、學習和工作是背着背包踏上一段旅程。狀態好的時候，我們也許可以背上更多的水、食物和其他東西；也許可以在走向目的地的過程中再做點別的事，但是當你狀態低迷時，你要做的是減輕背包的重量，盡可能減少沿路需要耗費的力氣，尋求合適的外力上的幫助。

也就是說，原本你有 10 件事需要或已經習慣去做，現在你要做的是，重新檢查這 10 件事，然後問自己：這個能不能捨棄？如果不能捨棄，那這個能不能簡化？有沒有其他人可以給我幫助？或我有沒有其他方式來減少自己需要投入的力氣？正因為狀態低迷，所以才要把有限的精力都用在必須做的事情上。其實第一個關鍵詞「坦白」的根本目標也在於減少人際交往需要額外消耗的力氣，並且從人際交往中爭取獲得幫助的可能性。**除了人際交往，你也可以從互聯網等其他的渠道獲得資源。**

在你不斷捨棄的同時，有些事和有些人反而要獲取。甚麼樣的人和事呢？會給你力量的人和事。不論是你心心念念的願望，還是你的興趣愛好，又或是一位很久不見的老朋友。能找到這樣的人和事，並且一點點落實行動，是一件既幸運又對現狀很有助力的情況。

關於啟動

其實，你想要在低迷時依然維持效率，說明你對自己有要求，並且是比較嚴格的要求，這是一件好事。只是當要求和狀態不匹配時，以前合理的要求就會變成一種苛求，苛求會帶來壓力和失望，這無益於狀態的恢復。

我想告訴你的是，即使狀態低迷，你還是想要做到優秀甚至是完美，這份自我要求很可貴也令人讚歎。但是你有一生去達成這份優秀和完美，暫時的休養生息從長久來看，對未來的優秀和完美是有益的。而且，當你關注「如何在低迷時保持效率」這個主題時，意味着事實告訴你，這個階段很難像以前一樣追求優秀和完美。

你可能會因此恐慌或責怪自己變差了。但我還是想用身體狀態的變化舉例，當身體在處理完勞累的事務後，疲憊與低效是很自然的事情。精神狀態也是這樣，經歷了情感上的衝擊後，精神上的疲憊與低效也是很自然的事情。這**不是你的不足**，而是所有人類的自然狀態。

為甚麼你需要知道這些呢？因為在低迷時，有時候傷人、擾人的不是你的實際情況，而是你對自己的評價和指責，列舉以上這些內容，其實是希望你對自己更寬容一些、更

溫暖一些。當你在狀態低迷時，要追求「開始做了」，而不是「做到完美」。也就是說，試着「最小啟動」你要做的事情，先開始做，然後一小步一小步地完成。

甚麼是「最小啟動」呢？舉個例子，如果你需要做一個表格，那最小啟動就是打開電腦，新建一個 Excel 檔案，命名這個檔案。試着找到每一件事的「最小啟動」是甚麼，然後先啟動，不追求立刻往下做，只追求「開始做了」。甚麼是合適的最小啟動呢？就是當你想起這個最小啟動，你會覺得這很簡單，它沒有難度，也沒有壓力。在完成最小啟動之後，你要設計一小步一小步達成目標的過程，然後分階段一個一個地去完成這些小任務，盡可能讓行動指令變得簡單又明確。

當你看向很遠的遠方時，低迷的你可能會想休息。但如果你只是需要踏出一步，那你只要抬起腿往前邁一步就是成功，這樣你就會有信心、有力氣去完成這一步。最後，我想再次提示你的是，一定要先捨棄再啟動，低迷的時候，**捨棄比啟動更重要**。

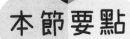

本節要點

　　狀態低迷的時候，效率變化是自然而然的事，不必苛求自己。

　　環境友好的情況下，適當地向周圍人坦白自己的狀態可以為自己減少人際摩擦。如果有孩子，向孩子坦白可以增加他的安全感。

　　正是因為狀態低迷，所以要捨棄不必要的任務，集中精力去做重要且必要的事。

　　最小啟動可以讓你毫無心理壓力地邁出第一步。

● 行動指南 ●

1. 寫下屬於你的向周圍人坦白你正處於低迷狀態的話語，並且提前寫下你可能會用到的婉拒他人好奇心或關心的話語。

2. 將目前生活和工作中正在做或要做的事項列一個清單，捨棄和簡化清單事項。

3. 為上述清單留下的必做事項設計「最小啟動」，將事項拆解為若干個小任務，每個小任務都需要有十分簡單又明確的行動指令。

如何應對「一個人」時的不安全感與恐懼感

感情關係裏沒有安全感是如何表現的呢？大概就是「我每時每刻都在觀察你愛不愛我」。

大部分沒有安全感的成年人都有一個缺愛的童年或一段毫無防備便遭到傷害的戀情，這些經歷都會減少我們在感情關係中的安全感。安全感是甚麼？這還要從英國心理學家 John Bowlby 以及他提出的依戀理論說起。孤單的童年影響了他的一生，在親身經歷的引導下，他畢生都在研究親子關係對心理狀態的影響。後來他的學生 Mary Ainsworth 對依戀理論做了進一步發展，提出了 3 種成人依戀類型（見表 2-1）。

很多研究發現，小時候的依戀類型在很大程度上會一直延續到成年時代。成年以後，這 3 種依戀類型的人們在感情關係中分別會有這樣的感受：

表 2-1　依戀類型

依戀類型	孩子小時候的個性	父母的教養方式	孩子小時候對生活的感覺
安全型	快樂，自信，有好奇心	總是關愛孩子，態度耐心溫和，對孩子反應迅速	父母是我堅定的依靠
焦慮型	焦慮，不安	對孩子有時關愛，有時冷漠，陰晴不定	如果我表現好，父母就會對我好
迴避型	淡漠	對孩子十分嚴格和挑剔，或十分冷漠和疏遠	不管我表現怎麼樣，都沒人管我

安全型：當與別人的距離拉近時，我感覺很自在也比較輕鬆。有困難的時候我會自然地向別人求助，不怕被人拒絕。我不擔心被別人拋棄，也不擔心如果暫時疏遠了對方就不再被對方喜愛。

焦慮型：我經常擔心對方不是真心喜歡我或不是真心想要和我待在一起，我希望與對方走得近些，再近些，但我總是覺得對方與我的距離沒有我期待中的那麼近，我的這種努力和期待有時會讓對方感到壓力，甚至會嚇跑對方。

迴避型：我不希望和對方走得太近，一旦走得很近我會感到一種壓迫感和不安感。我無法完全信任別人，所以我也不允許自己依賴別人，我認為只有自己可以依靠。對方和我走得太近時我會感到緊張並躲避他，我感覺對方期待的親密程度已經超過了讓我感到舒服的程度。

國外的調查顯示，人群中大約 56% 的人是安全型，其餘是焦慮型和迴避型。不過要注意的是，這不是一個非黑即白的分類，你可能發現自己在安全型和焦慮型二者間轉換，或有時是迴避型、有時是焦慮型，這與你所處的是甚麼樣的感情關係以及對方是甚麼類型的人有關。

如果你非常在意這段關係，無法失去這段關係，那依戀類型就可能變成焦慮型。但假如你確信對方很愛你或離不開你，你就會擁有安全型的依戀關係。也就是說，你的依戀類型會隨着你的變化而發生變化，即使你在過去的關係中屬焦慮型或迴避型，你依然有機會擁有安全型的依戀關係。

安全型的依戀關係幾乎是最穩固的感情關係，兩個人彼此依賴又彼此獨立，並且始終忠誠和體貼。發生衝突時，安全型依戀的人也能做出溫和的讓步，他會在衝突中繼續表示關愛。

而沒有安全感的人的依戀類型，其實都屬焦慮型或迴避型。這兩種類型在本質上都是不相信自己、對方和這段關係可以長久，因為不相信所以不斷確認──焦慮型；因為不相信所以乾脆放棄──迴避型，他們背後都充滿了恐懼和失控。

為甚麼會這樣呢？

小時候，我們的生活依賴父母和其他成年人的幫助，如果他們總能關注我們的需求，或在我們偶爾無法被滿足時也會告訴我們原因，告訴我們甚麼情況下我們可能需要一個人獨處，獨處時可以怎麼做、怎麼聯繫他們。因此，我們知道父母的缺席是暫時的，即使他們不在我們身邊，依然關心和帖記我們，他們不會讓我們一個人毫無準備地陷入孤苦無依的境地。我們既信賴父母，也相信自己一個人也能生活。**這便會形成安全型的依戀關係。**

但如果父母總是情緒化，對我們陰晴不定，我們甚至會讓我們挨餓受凍、無端遭受打罵，這種直接影響身體和心理的攻擊就會給我們留下恐懼感。父母的陰晴不定還會讓我們覺得親近的人總是會無端失控。有時我們表現得好，父母會關愛我們；但有時我們表現得好，父母也會莫名地打罵我們，這些打罵突如其來。這種情況下，我們的行

為對環境和結果幾乎毫無作用——這會讓我們覺得無助和失控。

於是，哪怕只有一點點的可能性，我們也會努力表現自己去爭取父母的開心和回應，因為他們對我們的生活很重要，也因為我們愛他們，也期望他們愛我們。在這樣的過程中，我們會無比關注自己和父母的互動，因為我們既不信賴父母，也不信賴自己，**這便會形成焦慮型的依戀關係。**

而迴避型是甚麼？是父母日復一日的疏遠或冷酷態度使得孩子總是失望，於是孩子乾脆放棄與人建立穩固的關係。

成年以後，雖然我們對父母已經不再如小時候那般依賴，在感情關係中也知道戀人和父母有所區別，但是，相似的親密關係（相似的愛和距離）會喚起我們的感受。相似的場景，例如衝突、吵架和遠離等，更會喚起我們的感受。這就是為甚麼不安的感覺會一直延續到成年時期，本質上是因為感受深入腦海，相似的情境喚起了相似的記憶和情緒。

那麼，怎麼看焦慮型和迴避型的人在行為上的表現呢？他們所有行為的目的其實都是重新獲得控制，拼命努力是一

種控制，完全放棄也是一種控制，這些行為都是希望把掌控感握在自己的手上。也就是說，如果你缺乏安全感的表現更多的是一種不安的感受，那確實是安全感的缺失。但如果你已經有了缺乏安全感的行為表現，我希望你能先肯定自己，因為其實你已經開始通過自己的行為尋求安全感，這是一種主動的體現。如果結果現在還是不太好的話，只是說明行動需要改進。

焦慮型和迴避型的人為了在感情關係中爭取安全感會採取以下行為。

當感情關係遇到壓力時，

焦慮型：感到心煩，通過短信、電話等方式不斷聯繫對方，會生氣並指責對方。

迴避型：會躲避壓力，直接去做別的事，但內心會對對方感到失望。

與伴侶分開時（不是分手，是物理距離上的分開），

焦慮型：因為擔心對方會忘記自己而經常聯繫對方，也會十分在意對方有沒有快速回應自己。

迴避型：會想念對方，但是甚麼都不說。

分手後，

焦慮型：會念念不忘，甚至自責，要很久才能恢復正常。

迴避型：看起來很快就放下並忘記這段感情，會繼續前行，或是投入新戀情和其他生活。

雖然以上行動很多人都在做，但為甚麼這些行動對增強安全感無效呢？

因為這些行動既沒有增強自己獨處或應對親密關係的能力，也沒有增進自己對對方的了解，互動方式本身沒有增進親密程度和信任。即使你當下收到了對方的回應並確認了關係的安全，也依舊會在看向未來時，充滿不確定性和不安感。

所以真正要做的是增強與改善以下各項。

- 獨處的能力
- 應對親密關係中各種情況的能力
- 對對方的了解
- 彼此的互動方式

這本書的內容更多集中在增強你對自己的了解和獨處的能力上，同時試圖教會你重新看待親密關係和應對親密關係中的各種問題的視角和技能。如果你完成了這些，當你回

想心中的那個他，或未來遇到心儀之人時，你了解自我的過程和收穫都會幫助你了解對方，你和自己溝通互動的整個過程也會幫助你增進和對方的互動。

關於壓力應對

雖然焦慮型的人和迴避型的人應對獨處的方式看起來完全不一樣——前者試圖建立和外界的連接，後者看起來無動於衷，但他們有一個特徵是一致的：他們在獨處時無法保持與內在自我的連接。為甚麼呢？因為我們的內在自我有不安和恐懼，向內保持連接就是要直面不安和恐懼，這本身是一件很有壓力的事。要學會獨處，必須沖過壓力這一關。

壓力是甚麼？本質上來說，壓力是人們面對威脅時的一種反應，所以想要戰勝壓力，關鍵在於如何面對威脅。小時候被迫獨處時受到的威脅是顯而易見的，那是身體和心靈上的雙重威脅。但是成年後，威脅已經發生了變化，你需要看到這個變化——同樣的情形，對你而言也已經不再是相同的威脅了。

但我們具體該怎麼應對壓力和壓力背後的威脅呢？

第 1 步：這一步看起來可能有點童趣，需要你先找到一件能帶給你溫暖和安全感的物件，最好是能在手裏拿着、抱着，或是能包裹在身上的。為甚麼呢？因為接觸所帶來的安全感極其重要，我們害怕獨處的一部分原因是獨處時沒有任何接觸。所以，我們在達成對內的自我接觸之前，要給自己找一個物件，讓自己保持接觸以起到階段性幫助的作用，這個物件可以是玩偶也可以是任何其他東西。

第 2 步：在物件的陪伴下，自己一個人靜靜地待一會。你可以回想過去那個害怕、焦慮的你，可以問問自己：此刻的我，正在害怕甚麼？把所有你害怕的內容都寫下來，無論害怕的內容看起來多麼莫名其妙，都一五一十地寫下來，並對這些害怕的內容進行編號。

第 3 步：重新讀一遍這些你害怕的內容，邊讀邊觀察自己內心的感受，找出哪些內容是你只是在讀的時候都會渾身緊張甚至僵硬的，把這些內容用星號標出來。

第 4 步：我們先來應對那些沒有標注星號的內容，寫下編號，在編號旁寫上以下問題的答案：
- 與這個令人害怕的內容相關的最深刻的記憶是甚麼？
- 那時的我是怎樣的？
- 那時的我無法應對這些令人害怕的內容的原因是甚麼？

- 現在的我發生了哪些變化？
- 哪些應對能力已經增強了？
- 如果想要更好地應對這份害怕，我還需要哪些技能？
- 我會率先增強哪些技能？

第 5 步：現在來克服真正的難點——這些標星號的內容。我猜想，標星號的內容大部分和兩個主題有關：第一個主題是生存，關係到你的衣食住行；第二個主題是你的自我價值感。如果我猜的是對的，那我想告訴你，生存和建設自我價值感是每個人一生的功課，所以你不必為自己因這些內容產生壓力而自責，你能把這些內容寫出來恰恰說明你有足夠的意識去面對這些壓力。

關於生存，我和心理學能提供的建議很有限，你需要到現實生活中尋找學習和練習的機會。但關於自我價值感，這本書將從第三部分開始圍繞這個主題幫助你建設自我。而第一部分和第二部分則旨在幫助你看見自我、發現自我。

這 5 個步驟的練習，我建議你每隔一段時間做一次，直到你獨處時也能鎮定地面對腦海中的所有壓力和威脅。我知道這 5 個步驟即使都完成也還不足以達成坦然獨處的目標，但你先不要着急，先做好這些。在這節之後的內容中還會有更多練習。

關於單身歧視

成年後的獨處會遭遇的壓力除了來自童年的情緒，還有可能來自社會的影響，也就是單身歧視。甚麼是單身歧視呢？就是一個人因為單身受到了不公平的待遇。譬如，被貼上了可憐的、孤獨的、不成熟、眼光太高、恐懼承諾等標籤，或在一些情況下，因為單身而喪失了某些機會。這種歧視會帶來甚麼影響？會讓人們既不敢單身也不敢恢復單身。於是，人們既可能迫於壓力建立一段自己並不真心想要的關係，也可能迫於壓力留在一段已經讓自己傷痕累累的關係中。

人在壓力之下很容易做出不理性的決策。有時人們會為了逃避單身的壓力貿然進入一段自己不那麼想要的關係，因為只要感情關係被建立，人們就達成了逃避壓力的目標。但我們要注意的是，逃避壓力和追求幸福完全是兩種動力，只有在為了幸福建立關係時，彼此才有可能為了高質量的親密關係不斷努力。

為了逃避壓力進入一段關係的人會給自己帶來隱患，因為關係本身就對他製造了壓力，那他同樣可能繼續逃避壓力。這時候的逃避和他是甚麼依戀類型的人沒有關係，更大程度上是因為他建立關係的動機錯了——不是為了幸

福,而是為了逃避單身帶來的壓力。

另外,為了逃避單身而進入一段親密關係還會帶來另一個隱患。追求幸福是人的本能,當婚戀關係維持了一個人表面上的成功以後,他的壓力就會減小,這時候他很有可能會去追求自己真正想要的感情和生活——在這種情況下,分手、離婚甚至出軌都是可能發生的。

其中出軌是一種最具傷害性的情況。為甚麼有的人不選擇分手或離婚而選擇出軌呢?因為在一些出軌者心中,分手和離婚代表做人和與他人感情關係的雙重失敗,隱秘地出軌至少維持了表面上做人的成功,雖然實際上出軌是真正的錯誤。

為甚麼人們會覺得分手和離婚是失敗的表現?本質上還是因為單身歧視。雖然實際上,兩個人磨合以後發現彼此不適合生活在一起也很正常,這時候選擇分手就像為了完成一場考試放棄一道題一樣,是為了整個人生的成功。**這種放棄和錯誤沒有關係,是一種人生選擇和人生策略。**

人們受單身歧視的影響,一方面無意識接受這些標籤和評價,另一方面可能把「自己是不是有人愛」等同於「自己是不是值得被愛」,他們害怕的不只是單身,還包括沒有

人與自己相愛的這種情況本身，並且把被愛等同於自我價值感。

怎麼辨別這種情況？

你試着在心中想像一下這兩種情況，第一種情況是，有很多人愛的自己，另一個情況是，沒有人愛的自己。這兩個自己，對你而言的感受是一樣的嗎？你對這兩個自己的評價相同嗎？如果感受不一樣，並且評價也發生了改變，那很可能你把被愛和自我價值感等同了。但實際上，無論你是不是被愛，你本身的價值並沒有發生變化，**如果被愛的你是有價值的，那麼暫時沒有被愛的你也同樣有價值。**

本節要點

　　依戀類型分為三種：安全型、焦慮型和迴避型。不同類型的形成和童年的親密關係有關。一個人身上可能呈現混雜的依戀類型，或在不同親密關係中呈現不同的依戀類型。

　　要增強親密關係中的安全感，就要增強獨處的能力、應對親密關係中的各種情況的能力，以及對於自我和對方的了解。

　　單身歧視正在阻礙人們以追求幸福為動機進入一段親密關係。

　　無論你是否正在被愛，你的價值不會發生絲毫變化。

行動指南

1. 判斷自己在上段感情關係中的依戀類型。
2. 練習應對獨處壓力的 5 個步驟。
3. 覺察自己、過往戀人，或身邊其他人身上是否存在單身歧視。

總是忍不住關注前任或他的現任怎麼辦

不論是主動分手還是被動分手,分手後還是忍不住關注對方是不少人都在悄悄做的事。得知對方有了新的戀人,可能也會去看看他的現任是怎樣的。

如果這種關注行為只是偶爾進行的話完全不成問題,因為人總有好奇心,更何況對方是曾經與我們關係親密的人。但如果這種關注超過了某個限度就會成為一個問題。不過這個界限在哪裏、有沒有成為一個問題,其實完全由你自己決定。只要你覺得「不管如何忍不住關注」都不是問題,那它就不是問題,不必強加給自己一個問題。

很多人對心理學有個誤解,認為心理學可以判定甚麼樣的人、怎樣的行為是有問題的,事實不是這樣的。對於病態的人和行為,心理學會給出判斷標準,因為這是在幫助人們解決問題。但對於生活中的各種人和各種行為,心理學同樣包容多樣性,只要這個行為不對自己、他人和社會造

成困擾和傷害，不違反基本的道德倫理和法律規則，那一個人是怎樣的、有甚麼樣的行為，完全是每個人的自由和個性。

所以，在本節的開頭，我希望你明白：不要讓心理學成為傷害自己或他人的工具，不要以某個人借助心理學得出的觀點隨意給自己和自己的行為貼上「問題標籤」。是不是真正的問題，要麼聽從專家的判斷，要麼聽從自己的判斷。

本節是寫給確實對這些行為感到困擾的人們的，讓這些人看到困擾背後的東西，以及解決困擾的方法。

關於「感到困擾」

譬如，同樣是每天關注前任的社交賬號，有些人甚至影響到了每天的情緒和生活效率，在外人看來這已經構成了「問題」，但有一些當事人就覺得這沒甚麼——這種反正就關注了、對效率的影響會隨着時間流逝自然地過去，所以他幾乎不受困擾；而對另一些當事人，他的困擾可能會有很多：

關注影響了他的情緒，不僅有些內容本身會讓他不開心，當他意識到自己還會因為前任不開心時，他更加不開心。

關注影響了他的時間安排，原本他有更重要的事想做。現在不僅重要的事沒完成，還完全抑制不了這個衝動，為此更加自責。

所以，困擾和「問題」的區別是甚麼？區別就是，只要你不在乎這個問題，問題就不會成為困擾。但如果你在乎，除了問題本身是困擾，你對問題的看法也是困擾。想要解決問題，既要解決問題本身，也要解決對問題的看法帶來的困擾。

現在我們來談談當忍不住關注與前任有關的事情成為一個困擾時，究竟意味着甚麼，以及我們該怎麼辦。

分手後，我們突然變成了孤身一人，這個轉變其實遠比我們想像中的難熬。即使分手前無數次覺得這份感情帶給自己的只有煎熬，或無數次幻想分手後會迎來一身輕鬆的自由，但直到真的分手後，我們才會發現分手後的生活和我們想像中的不一樣。

分手後，沒了那些煎熬，曾經徹夜打電話的夜晚、寒冷時緊緊挨着彼此的約會等平淡又甜蜜的戀愛畫面便會湧入回憶。這時候，對方不再是那個討厭的前任，而是那個寄託了這些美好過往的前任。我們在忍不住關注前任時，其實是在留戀這些美好。我們甚至可能會忍不住去想，要不要復合，以為復合了就能找回這些美好。

這其實是一種**被情緒影響的選擇性注意**。

戀愛時的煎熬是真的，煎熬讓我們討厭這段感情，於是選擇分手。分手後的懷念也是真的，懷念讓我們想要挽回，或至少是保持聯繫，因為當聯繫切斷，這些過去的美好與懷念會突然無處安放。我們會懷念過去的美好其實是因為煎熬消失了，當黑暗的煎熬消失，美好的光芒會變得格外矚目。但其實，只要你靜靜地回看戀情的全貌，只要分手確實是深思熟慮後的選擇，那麼你就可以把黑暗和光芒重新放到一起，之後你就會發現，那些光芒在黑暗的籠罩下其實依然很微弱，你會回想起曾經在黑暗裏窒息的自己，會重新意識到自己選擇分手是因為甚麼。

忍不住關注對方有兩個原因。一個原因是**懷念**，另一個原因是**我們能夠通過過去的戀情認識自己**。我們想知道自己

有沒有「看錯」對方，想知道自己的獨特性和付出有沒有在對方身上留下印記。我們在關注前任，或關注他的現任時，其實是在驗證自己過去的看法是否正確，是在尋找自己影響力留下的痕跡。畢竟，**我們都希望自己深刻影響過相愛的人**，這是愛情帶來的很自然的希望。

而過去的戀情和戀人，其實和我們對「自我」的看法緊密相連，難以分開的不一定是自己和前任，還有現在的自己和過去與前任有關的自己。關注前任或他的現任的背後，其實是我們在關注自己。這也很正常，我們都會在重要的人眼中和生活中尋找自己。所以如果有一天，你內心對「有沒有看錯對方」「有沒有在對方身上留下印記」這兩個問題有了答案，並且答案趨於穩定，即不再依賴現在的觀察和判斷時，你也會減少對前任的關注。

希望你看到這裏時，無論你存在出於哪種原因對自己的自責，至少都能**先放下對關注行為本身的自責**，這些行為的背後是人性在愛情中的自然反應，你不必因此自責。現在，如果你覺得關注行為已經不再是困擾，繼續關注也沒關係，並且你相信隨着時間的增加和深入的思考，這個行為會慢慢消失，那對你來講，這個問題就已經解決了。但如果你還是想立刻消除這些行為，那你可以繼續往下讀。

如何消除關注行為

在一般的理解中，我們常常認為要消除某個行為就要憑藉意志力阻止這個行為的發生，用獎勵和懲罰讓這個行為發生得越來越少。這麼做是有效的，也是我們自己以及公司、學校等都在用的方式。但這個方法過度依賴意志力，而在感情和衝動強烈的情況下使用意志力是一件與大腦本能相違背的事情。所以除了這個方式，我想給你提供一個幾乎不依靠「意志力」的方式。

怎麼做呢？以前是阻止自己關注，現在我希望你主動要求自己關注，並且這個要求不是一種限制。

限制自己的要求是怎樣的？譬如，原本 1 天看 3 次，現在要求自己 3 天看 1 次，這便是一種限制，依然需要你靠意志力去控制自己。我不希望你這麼做。

不限制自己的要求是怎樣的？這個要求最好接近於放任自己。譬如，原本 1 天看 3 次，每次看了幾分鐘就和自己說別看了，那現在你可以要求自己 1 天看 3 次，每次必須看滿 15 分鐘，哪怕沒有甚麼新東西也要看滿 15 分鐘，一天不看滿 3 個 15 分鐘就是沒有完成目標。

這樣做的好處是甚麼？好處是，原本關注會形成一種刺激，這種刺激的發生與強度會隨着新信息的出現而改變，你的大腦會深深記住新信息出現時的刺激，於是一次又一次地去尋找刺激。但是現在關注成為任務，並且這個任務需要 15 分鐘的長時間的注意，那新信息的刺激就會減弱，你的大腦會更多地記住關注時的「無聊」，而人總是很難堅持做無聊的事情，於是你的大腦就會漸漸對這件事失去期待和興趣。當然，如果你的前任很喜歡使用社交媒體，這個任務可能就需要增加時間和頻率。但總體而言，用主動的長時間關注可以讓這件事變得無聊。

最後，我們再來看個比較傳統的方式：**增加關注行為的阻礙，主動製造麻煩**。這個方式需要一點意志力，如果你覺得自己在這個行為上可以使用意志力，那你也可以試試。

增加阻礙怎麼做呢？假如你關注的是社交軟件，我希望你能封鎖對方，同時取消與對方談話框的置頂和收藏。於是，接下來你每次要看對方的動態，就需要從朋友列表裏找到對方，點進去看。這麼做會讓你的關注變得有點麻煩，時間久了，人總是會討厭麻煩的。你甚至可以取消對他的關注甚至刪了 App 本身，這樣每次關注都需要重新搜索或下載 App，幾次以後，你總會覺得麻煩的。

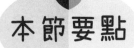

本節要點

　　分手後對前任的關注是感情關係結束後十分自然的反應，當這種關注對你而言確實成為了困擾時，你才需要改變。

　　分手會讓過去的美好重新變得矚目，這是因為那些真實存在的煎熬隨着分手「消失」了。

　　我們會在過去的戀情中尋找自己，尋找自己存在過的印記和自己對對方的影響力。

　　意志力的確可以影響行為，但是，在感情強烈的人和事上，意志力很容易失效。

　　在改變行為的時候，我們要利用大腦對刺激的偏好和對無聊的排斥本能，在順應本能的基礎上讓行為自然地發生改變。

● 行動指南 ●

1. 給自己設計一套接近放任的主動關注的任務，並且認真實行。
2. 給自己設計一套增加關注阻礙難度的任務，並且嘗試實行，如果實行不太成功，就轉用主動關注的方法。

2.4 想要復合，如何挽回

想要挽回對方有 3 個要點：印象管理、
目標管理、期待管理。

1. **印象管理**：當對方想起你的時候，對你持有正面的看
   法。這個印象包括 3 個方面，即過去的你、現在的你
   和未來的你。

2. **目標管理**：把你的目標變成你們的目標。你要挽回他，
   這是你的目標。你們要復合，這就變成了你們的目標。

3. **期待管理**：人總是會主動去做自己期待的事情。所以，
   如果你能把兩個人在一起變成他的期待，那麼他也會一
   起付出努力，兩個人的力量總比一個人的大。

在分析如何復合前，我想先談談你為甚麼要復合？

有一些人想要復合是因為他不適應分手後的日子，覺得一個人無所適從，又回想起過去戀愛時的美好，就有了復合的想法；

一些人想要復合是因為不甘心，覺得對方離開自己是對自身魅力的貶低，是說明自己在這場愛情中輸了，只有成功復合，才能重新證明自身魅力，贏回這場愛情的爭鬥；

還有一些人要復合是因為覺得自己無法遇到更好的人了，分手後兜兜轉轉，猛然發現過去的他其實還不錯，雖然當時對他很不滿意，現在也依然不滿意對方身上的某些地方，但與其他人相比，他着實已經算不錯的選擇了；

還有一些人要復合是因為看到前任在和新對象曖昧，突然間覺得自己即將完全失去他，在這種感覺下做出了要爭取復合的決定。

你看，每個人想復合的背後都有不同的動機和理由，這個動機和理由不一定是愛和感情。而基於上面這些理由復合的人，重新在一起之後能不能真的親密、幸福又存在很大的未知數，如果兩個人沒有切實地發生改變，大概率依然會發生和以前類似的矛盾和問題。

好的復合理由是甚麼？是你在分手以後意識到他身上有很多你真正欣賞的地方，他是你真心想要在一起的人，你想到以後在一起的日子就感到滿足和期待。

回頭看看過去你們在一起的那些日子，很多不愉快和誤會都是因為彼此的相處方式和溝通方式不夠好，只要雙方提高相關的能力，就可以解決那些不愉快和誤會。好的復合理由是對方是你想要的戀人，以及你覺得兩個人重新在一起以後，你們不會再重複之前從親密到分手的過程。

當然，如果你是對方想要爭取的那個復合對象，你還要試着辨別一下他背後的動機是甚麼。壞的動機是自私的，是為了成就他自己；好的動機是出於愛和期待，是為了你們兩個人的幸福。如果是出於壞的動機，你們復合以後很難獲得真正的幸福。

另外，如果你放棄一些東西，其實復合會非常容易。放棄甚麼？放棄對平等關係的追求。

這種放棄當然和真正的幸福背道而馳，即使重新在一起也會受不少委屈並感到壓抑。但確實會有一些人太想要復合了，於是不斷放低姿態，低到塵埃裏，以為犧牲會澆灌出愛情的花朵，但最終往往事與願違。

千萬不要放棄對平等關係的追求，不要哀求對方復合。一旦復合變成「求」來的，你們的關係就容易變成權力取向的親密關係。

權力取向的親密關係是甚麼？心理學上把親密關係分為平等取向和權力取向兩種。

我們常說的共識、尊重、理解、溝通和欣賞通常都發生在平等取向的親密關係中。在權力取向的親密關係中，控制和支配是底色。所以如果你發現你的關係或你身邊的一些朋友的關係，對方完全不尊重、不理解你或你的朋友，溝通也根本沒有效果，那不一定是溝通方法的問題，也可能是關係本身出了問題。親密關係中同樣也是，權力小的一方幾乎很難和權力大的那一方溝通。這不是技巧的問題，是權力大的這一方意願的問題。

親密關係中的權力是甚麼？是經濟地位嗎？或是外表的好看程度嗎？都不是。是兩個關鍵詞：**改變**和**抵抗**。改變對方的思想、情感和行為來適應和滿足自己的要求；抵抗另一方施加的有企圖的影響。權力大的一方就是在不停改變對方的同時，自身絲毫不受影響，也不發生任何改變。

權力大的這一方在親密關係中會有怎樣的表現？通常有三

個特點：

第一，他追求自身的強大，無論是內心的還是物質的，伴侶是他達成目標的資源和工具。他並不關心伴侶的目標是甚麼，只有在伴侶的目標與他的目標有關或有助於他自己目標的達成時，他才會顧及伴侶的目標。

第二，他追求伴侶的聽話和懂事，這會讓他快樂。伴侶的自身意志是甚麼不重要，重要的是伴侶能不能理解和執行他的意志。

第三，他自己從來不肯低頭。當伴侶反對或質疑他時，不管理由多麼合理，他都不會接受，始終堅持自己的話語權。

你可能也意識到了很多家庭中，父母和孩子之間的關係也是權力取向，權力愈大的人話語權愈大。而弱勢的那一方，幾乎喪失了生活的自主權。這種關係是具有傷害性質的。

看到這裏，如果你有點懷疑分手前的親密關係屬權力取向類型，或擔心復合後的關係會是權力取向類型的，除了上面所說的表現，在親密關係中還有個判斷方式，就是看你們之間的親密行為，尤其是性行為。是誰決定今天要不要進行性行為？是一個人說了算，還是兩個人說了算？如果

總是一個人說了算，那這個人就是權力大的那一方。

是誰決定性行為的時候要不要採取避孕措施？是會主動採取，還是需要另一方事後自己進行補救？並且這樣的補救要發生很多次？總是要補救的這一方，就是權力小的這一方。

權力大小和依賴程度是相反的。

愈依賴對方的那個人在親密關係中的權力愈小。這就是為甚麼想要挽回時尤其要避免權力取向的形成，因為努力挽回的這一方看起來更依賴這段關係，如果這種依賴延續到了復合以後的關係中，對方的高權力感可能會被喚起。

你可能會想，只要兩個人之間是有愛的，高權力感又如何呢？他樂於有權力，我也樂於聽從。但是，你知道高權力感會帶來甚麼嗎？高權力感會讓人變得擁有更少的共情，會打破承諾，也會增加攻擊行為，包括身體攻擊和關係攻擊。

甚麼是關係攻擊？就是關係中的傷害和背叛等，尤其是出軌，這是更少共情、打破承諾和攻擊行為增加的最極端也最典型的表現方式。在感情中，愛是天性，但愛是人發出的，人除了愛，還有人性。當愛趨於平穩，人性在感情中會更加明顯，而高權力感帶來的人性幾乎與愛背道而馳。

所以，我希望無論如何，你都要避免一段權力取向的關係。即使你是權力大的這一方，一段不平等的關係也無法帶給你真正的愛和親密，因為人總是想要**平等地愛與被愛**。

挽回對方的重點

看到這裏，如果你還是想復合，那我們來具體聊聊上文挽回對方的三個重點，即**印象管理**、**目標管理**和**期待管理**。

當然，以下三點需要在你們還有聯繫的前提下才能進行。但這個聯繫不是指每天都有交流，而是指你還能出現在對方的生活和社交圈裏，哪怕是出現在線上。人在剛剛分手後的那段時間，會進入一個自我保護期，巨大的改變之後人首先會想要完全擺脫過去的一切，這不是因為和對方還有愛或感情，而是因為改變產生消耗和疲憊，所以我們需要休息。這時候，如果一定要與對方復合，只會讓對方躲得更遠。那具體要等到甚麼時候呢？至少要等到你平靜下來，不再那麼疲憊，重新感受到自身的活力以後。

印象管理是甚麼？是重新建立你在對方心中的印象。你們分手後，你想復合時對方卻在猶豫，這意味着兩點：
1. 他對你的印象讓他想分手
2. 他對你的印象讓他不想復合

這兩句看起來好像沒甚麼用，但你仔細往後看。對過去的你的印象帶來了分手，對過去、現在和未來的你的綜合印象讓他不想復合。

其中，對**過去的你**的印象是最主要的。所以，你要改變他對過去的你的印象。但過去已經發生，怎麼改變呢？你可以增加新的線索和看待角度。譬如，他認為過去的你對這段感情不夠重視，你要讓他知道他只從比較明顯的角度，譬如只從是否贈送禮物來判斷重視程度是不全面的，還要以其他角度為判斷依據，例如你為他做出的性格改變等。

總之就是找到他對你的印象是怎樣的；他依據了哪些線索得出了這樣的結論，增加這些線索，重新為他梳理判斷過程。如果有機會見面自然是最好，但記得一定要保持「我只是和你聊聊過去」的平靜態度，不要讓對方感到你要改變他或驅動他去復合，不要給他壓力。

現在和未來的印象管理的重點是甚麼？重點是展現真實的你自己。為甚麼不是展現最好的自己呢？因為復合是為了長久地在一起，只有在真實的你可以吸引對方時，你在長久的生活中才能始終保持吸引力。

接着我們來看**目標管理**。甚麼樣的情況下，復合也會成為

他的目標？喚起愛和吸引力當然是重要的，更重要的是要讓復合與他的需求聯繫起來，這裏的需求不是說生活需求等，而是一個更廣泛的概念，等你讀完第 3 章，你會更全面地了解人在感情關係中的需求。

現在回到目標管理。很多人在挽回時總是拼命表達「我愛你，我想和你在一起」，卻忘記真正重要的是對方的意願和目標，更重要的是讓他知道和你復合能滿足他的需求，並且只有和你復合，才能更好地滿足他的需求，拼命表達我愛你很可能會讓對方只感受到你的自私和你施加的壓力。

甚麼意思？意思是他可能會覺得不論是單身還是和其他人在一起，都比與你在一起更好。這時，為甚麼和你復合是他最好的選擇？這個問題你首先要說服自己，然後再去說服對方。連自己都說服不了自己的時候，如果你真的愛對方，那就應該讓對方靜下心來自己做選擇。當你換位思考後，如果你依然認為對方和你復合確實是對方最好的選擇，你要把這個推導的過程告訴對方，而不是只告訴對方結論。在說推導過程時，你依然要平和，保持「我只是想和你分享一個事實」的態度，不要傳遞你試圖改變對方的想法，以免給對方帶來壓力。

現在我們來看**期待管理**。挽回的過程如果做得不好，會讓

復合變成一個人的獨角戲。即使最後對方答應復合，以後你回想起復合的過程，也只能體會到那種與當初戀愛前兩個人共同努力截然不同的艱辛和不安。

更好的復合過程是，對方也漸漸做出試探和努力，他意識到了你的美好，也看到了你的真心，他知道你還喜歡他、想和他繼續在一起，他也有點想和你復合，他甚至有點擔心你會突然改變心意不再努力復合。這個「擔心」是重點。怎樣喚起他的擔心？

首先，一開始說的平等關係的態度至關重要，你要讓他明白你是因為平等和幸福才想與他復合，如果這段關係總是需要你委屈和妥協才能維持下去，放棄也會成為你的選擇。如果你選擇放棄，並不是因為不愛他，而是因為你知道即使你們在一起，只要他不愛你，不做出努力，你也不會幸福。

其次，讓他知道你是自由的，而且你也有其他選擇機會。怎麼展現自由？展現分手後你生活中的精彩之處，讓他看到這些精彩是你主動創造的。至於其他選擇機會，這點做起來要謹慎，因為尺度很難把握，怎樣算是謹慎呢？就是你讓他知道你也有別的追求者，但你只給對方公開接觸的機會，例如聚餐等，而沒有給對方私密相處的機會。**不要主動向對方展現這些，要讓對方不經意地看到。**人在受到

壓力時會更想躲避，所以要減小壓力，而這一切都是為了消除對方的壓力。基本上，到這一步，復合的可能性已經提高很多了。但謀事在人，成事在天，愛情有時候還是需要一點緣分。

最後我還想補充一點，心理學中的勞動賦值（Effort Justification）會在復合過程同時對兩個人發生作用，這是指：「在一件事情上付出得越多，就會越喜歡它」。

一個人在一段感情中主動付出得越多，就會越在意這段感情，也會越在意對方這個人，這就是為甚麼在努力復合時，要盡可能讓對方也投入時間和精力。但我想提醒你，當你努力復合時，你也在不斷地付出，對復合的態度也會更堅定。這時候你反而**需要時不時停下來問問自己**，復合依然是你真心想要的結果嗎？是因為付出得越來越多，在「勞動賦值」的作用下變得更想復合了，還是你真的覺得復合會讓你更幸福？

如果你是因為捨不得讓之前的努力付之東流，那麼我希望你明白，你的現在和你的未來是最珍貴的，過去的就讓他過去，你應該追求你真正想要的現在和未來。但如果你的確覺得復合會讓你更幸福，我也衷心祝願你在這條復合的道路上，最終能收穫長久的親密和幸福，加油。

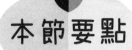

本節要點

　　挽回對方有三個要點：印象管理、目標管理和期待管理。

　　懷着良好的動機爭取復合，才能獲得真正的親密和幸福。

　　「求」來的復合很容易讓感情關係變成權力取向的關係，這會成為雙方的煎熬。人總是想平等地愛與被愛。

　　挽回的過程中要充分關注和尊重對方的需求與意願。

　　「勞動賦值」下，雙方都付出更多會讓彼此都更期待復合。

● 行動指南 ●

1. 如果你想要復合，你可以覺察一下自己的復合動機，是好的動機——為了兩個人的幸福，還是壞的動機——因為不甘心等？

2. 覺察一下自己過往的感情關係屬平等取向還是權力取向？

3. 為完成「印象管理、目標管理和期待管理」，設計一套屬你自己的方案。

2.5 一直放不下怎麼辦

無論是美好還是不那麼美好的過往，如果只是偶爾在心裏想起，哪怕時不時就會想起，只要對當下和未來的生活有助益，可能繼續保持原狀也是一件好事。

譬如，曾經有人彷彿你是他的全世界那般愛你，雖然你們因為各種原因分手了，或那時還不成熟的你做了一些傷害對方和彼此感情的事。當你回想起這樣的過往時，無論你是懷念還是懊悔，只要它能帶給你溫暖的感覺，能帶給你讓自己變得更好的動力，那就未必需要放下。

再譬如，戀愛的時候，一些人會忌諱另一半還「想着過去」。其實想着過去不是甚麼問題，過去本來就是現在的一部分，無數個過去造就了現在的自己。但如果「想着過去」並沒有讓他變得更好，也沒有讓他更投入當下的生活和感情，那才意味着這是個需要溝通商議的問題。

真正的問題不是放不下，解決問題的方法也不是徹底割裂和遺忘過去，而且我們也無法割裂過去，因為它始終是人生的一部分。另外，需要「努力」去記的東西往往是記不住的東西，而真的需要「努力」去忘的人也往往是忘不掉的對象，因此不必抵抗自己的本能，不必「努力」放下。我們真正應該做的是**減少過去對當下的干擾和消極影響，把人生的過往轉化為當下的養料和動力，去澆灌現在，去邁向未來，讓未來開花結果。**

關於憤怒、羞恥、懊悔、怨恨和不安這幾種比較常見的情緒，我們在之前的幾節內容中有過交流。絕大部分「放不下」的背後都與這幾種情緒有關，這是為甚麼呢？讓我們重新觀察這幾個情緒。這些都是針對過去的強烈情緒，因為強烈，所以讓人總忍不住回顧。

其中怨恨和悔恨讓人想要「改變」過去，但過去無法改變，於是一些人會在自己的想像中一次又一次地回到過去，試圖在想像裏通過「改變」過去消除情緒。但這麼做很難起效，因為現實依然會提醒人們過去的不可改變，提醒人們當下面臨的失望。

而羞恥和不安讓人想要「逃避」現在，想要逃避時，未來還沒建立，於是只能退縮到過去，哪怕只是回憶中的過去。

憤怒比較特殊，是既存在於過去又存在於現在的情緒。人之所以憤怒是因為對過去存在不滿，想通過現在的行動消除情緒。你已經知道了，如果憤怒轉化得好，不失為一種有力的動力，但如果轉化得不好，任由憤怒發展，也可能會對當下和未來造成破壞。破壞一旦產生，便意味着過去那種破壞性的生活依然在延續——過去不再是過去，過去與現在相同，過去就是現在。

這些情緒難免傷害和干擾我們，所以即使不是為了「放下過去」，也要試着平穩這些情緒。只是以上這些情緒都是負面情緒，除了負面情緒，**有時候更讓人無法釋懷的是過去的那些美好帶來的正面情緒。**

所有人都會懷念美好的過往，回憶起這些過往時嘴角都會不自覺地上揚。那麼，甚麼樣的情況下過去的美好會干擾當下呢？這其實和過去的美好沒有太大的關係，而是和人們對當下的失落有關。對當下感到失落、覺得自己人生的美好都發生在過去的人，更有可能在想像中逃回過去。這不是因為過去足夠美好，而是因為他對當下十分失落。你問他，人生的甚麼時候最美好？他會告訴你美好的都在過去，美好的都已經逝去。你問他，現在的生活如何？他會停頓一下，若有所思地說還行吧。在他心裏，和過去相比，現在是黯淡的。

但對當下的失落不是過去的美好干擾當下的唯一理由，還有另一個重要的理由。

人在任何時候都想要追求積極的自我評價和感受，之所以選擇在想像中回到過去，是因為過去能帶來積極的自我評價和感受。但是，與之相反的是有一些人處在失落的現在，他們沒有懷念過去，他們會憧憬未來，因為對未來的想像會帶給他們積極的感受。憧憬未來的人，即使當下是失落的，他在想像中也不會前往過去，而是前往未來。

放不下過去的人，很大程度上也不憧憬未來。與過去相比，他認為不僅現在是黯淡的，未來也是黯淡的。所以，當你放不下過去的美好時，你更應該關注的是：為甚麼我對於未來沒有想像和憧憬？怎麼做才能喚起我對未來的想像和憧憬？

這兩個問題一直是很有難度的人生問題，任何人想要找到這兩個問題的答案都需要很多時間和思考，如果你一時找不到，不用着急，慢慢地讀下去、慢慢地找，帶着這兩個問題去生活。也許你會在一些不經意的時候，感受到心裏的那份想像和憧憬。

關於習慣和印記

除了情緒，人們在分手後很難迅速改變的還有各種習慣和各種印記。習慣的改變並不那麼難，只要生活在繼續，只要生活本身發生變化，新的習慣終究會漸漸養成。我們可以依賴生活和時間本身的力量改變習慣。

難以改變的是印記。

電影《春嬌與志明》裏，余春嬌在和張志明分手後，與新的戀愛對象相處時，她突然發現自己已經「變成」了另一個張志明，新的戀愛對象欣賞的她其實是和志明在一起後的她。她在別人眼裏閃閃發光的特別之處，也是她和志明在一起時，志明在她心裏閃耀着的特別之處。別人愈喜歡她，就愈是在提醒她，在她心裏的張志明有多麼值得喜歡。後來她哭着和新的戀愛對象道別：「我很努力擺脫張志明，最後我發現，我成了另一個張志明。」這種放不下，幾乎已經刻在了骨髓裏。

只要兩個人深深相愛過，長久相處過，分手後身上有這種印記幾乎是必然的。因為**相愛總是包含彼此相融的過程，**這種融合深入靈魂。

如果印記的提醒讓你痛苦，該怎麼辦呢？像春嬌這樣，因
為她愛過，也還愛着，不自覺地在自己的生活裏繼續和自
己愛的人相融合而形成的印記，幾乎無法完成去除。這就
好像我們無法通過努力愛上一個人一樣，我們也無法通過
努力不愛一個人。所以，如果你還愛着對方，那麼就試着
帶着印記去生活吧，就算因此想起了過去的那個他時依然
會感到難過，也試着帶着難過去生活。

有時候，傷人的、阻礙人放下的並不是印記本身，而是我
們對印記的評價。當你對印記的評價中性又自然，看待這
些印記像看春夏秋冬、潮起潮落一般時，你或許就能帶着
這些印記過好自己的生活。

不過還有些印記和春嬌這類的印記不一樣，還有些印記是
「疤痕」，譬如，背叛留下的恐慌和不信任、長久的打壓留
下的自我懷疑和不自信等，這些印記與過去的經歷有關，
更與我們對人、對感情的認識有關。這些印記對人的影響
不只體現在對現在的生活的干擾，還體現在當你想要再一
次投入感情時，這些印記會讓你隱隱作痛，也可能會讓你
在某些相似的情境中再次被重創。譬如，也許前任在出差
時出軌，於是再戀愛的時候，只要戀人出差，你就會感到
不安。

疤痕的處理方式和愛的印記不一樣。只要你放下評價，順其自然地投入生活，愛的印記的影響就會降低。而對於疤痕，你必須直面它們，仔細檢查這些疤痕下有沒有隱藏的傷口，找到這些疤痕留下的原因，然後試着通過努力重新認識疤痕發生的過程，找到消除疤痕的方法，或找到帶着疤痕生活的方式──至少讓自己不再因此感到悲傷、痛苦。

直面疤痕和對自己的未來進行提問一樣，是難度很高的事情。人們對疤痕的第一反應總是**遮擋**和**掩藏**，因為它們並不美麗。但我想告訴你，它們同樣是我們的一部分，你可以通過努力讓這些疤痕開出一朵花，或變成你獨一無二的生命圖騰，提醒你人生中甚麼才是更重要的，激勵你為自己的人生意義而活。

這本書的前兩章，一直在和你聊感情關係破裂後立刻會遇到的問題，而接下來的三章會更深入本質，深入和愛情有關、和愛情中的自我有關的問題。這些問題或許能帶你直面一些感情中的疤痕，帶你重新認識感情中各種各樣的現象和問題。你可能會從中找到消除疤痕的方法，也可能會在這個過程中把疤痕轉化為生命圖騰。

在我們度過感情破裂後的最艱難最動盪的那些日子後，是時候去重新認識過往的愛情和感情關係了。

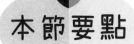

本節要點

過去是我們的一部分，不是必須要放下。我們要做的是，讓過去對現在產生積極的影響。

人們之所以放不下，有時是因為想要改變過去，有時是因為想要逃避現在。

如果他總是懷念過往，那他很可能是對當下感到失落，並且相比現在和未來，過去更能給他積極的自我感受和評價。

只要相愛過，留下印記幾乎是必然的，我們可以帶着這些印記繼續生活。但如果留下的是疤痕，就要直面並且檢查和處理傷口。

行動指南

1. 你如果放不下過去這段感情，就試着找到自己是出於哪種情緒放不下以及放不下的原因。
2. 如果你不僅放不下這段感情，還越抓越緊，例如總是無法自控地回想，這可能是心理學中所說的「反芻」。你可以通過搜索「心理學、反芻」來獲得更多啟發，心理諮詢也是你可以嘗試的方式。

第 3 章

尋找現實的真相

他愛過我嗎？
他為甚麼要離開我

分手前後，無論是哪方提出的分手，只要是彼此都曾真心付出過，彼此常常都會問對方：「你愛過我嗎？」或問自己：「我還愛他嗎？」

愛是很難講清的，因為每個人對愛的感受和理解都不一樣。有的人在一日三餐中感受愛，有的人在驚喜浪漫中感受愛。很多時候，只要你心中覺得愛過，或還愛着，那對你來說愛就是存在的。愛帶來的那種溫度和重量，只要你體會過，就會有感覺。

當然，心理學家們也對愛提出了很多觀點，其中最廣泛的莫過於 Robert Sternberg 的愛情三角理論，他認為愛是激情、親密和承諾。**激情是甚麼？**激情就是那些所有讓你輾轉反側、心動不已、有時候甚至是嫉妒痛苦的感受。很多愛在最初都有激情的成分，這些激情讓人欲罷不能。**親密是甚麼？**親密是兩個人在一起，彼此都覺得溫暖又安

全。**承諾是甚麼？**承諾既是剛在一起時他說他愛你，他要和你在一起；也是在一起後，他為你做的一切和與你一起計劃的將來。

所以，如果你還是要問：「他愛過我嗎？」你可以回想一下，你們之間是不是有過激情、親密和承諾。只是，除了激情、親密和承諾之外，還有一個重要的基礎與核心，就是他是否了解你，以及你是否了解他。很多親密關係缺少的不是激情、親密和承諾，而是了解。相愛一定要相互了解，不然我們愛的就是想像中的對方和想像中的愛情，那不是真正的愛。

有些時候我們既不了解自己，也不了解對方。親密關係中有一種現象叫「**假性親密**」，甚麼是假性親密？就是兩個人雖然待在一起，有心動、有陪伴，也有規劃將來，但似乎總覺得兩個人之間隔着一些甚麼，總覺得有時候彼此是最熟悉的陌生人，他把你當戀人，卻不了解你是甚麼樣的人──他不知道你是怎麼想的、不知道你為甚麼喜歡這些又討厭那些、不知道你想要甚麼，等等。反過來也是一樣的，很多人直到分手時都未曾真正了解過對方。

真正的了解是甚麼？是懂喜怒哀樂背後的原因，是懂那些重要決定背後的原因。

比愛更難的是懂得。彼此相愛，彼此懂得是愛最好的樣子。

所以，如果分手後，你能多問一句：「他懂我嗎？」或「我懂他嗎？」可能你會更容易找到你的答案。因為雖然與愛相關的理解和理論有很多，但只要你覺得愛過，那就是愛過的。

分手以後，激情或許還在，但親密和承諾都不完整了，很多人分手後之所以念念不忘、糾葛難斷，都是因為依然想要擁有親密中的溫暖和承諾中的「在一起」。但是只要是分手了，即使擁有暫時的溫暖，這種親密也失去了安全感，因為彼此隨時可以離開；而沒有承諾的「在一起」也就無須有未來的打算，彼此不僅隨時可以離開，在人生的選擇上也不再是「為了我們」。所以，分手後，不管怎麼樣，愛都已經不再完整。

為甚麼他要離開你？關於這個問題，我要帶着你從另一個角度去看待，不再從愛不愛的角度，而是從「為甚麼」的角度。離開是一個決定，也是一個行動。我們要做的是一起探尋一個決定和行動背後的「為甚麼」，這個「為甚麼」在心理學上叫**動機**。

關於動機

簡單來說就是他為甚麼這樣決定和行動，動機指向行動後的目標。也就是說，你要想明白他為甚麼離開你，只想過去是沒有用處的，你要想的是現在和未來。離開你以後，他現在正在做甚麼，未來又想做甚麼。

譬如，你們因為他的父母反對分手，那麼分手後，他的父母對他的指責就會減少，他對父母的愧疚感也會減少；你們因為異地戀的冷淡和吵架分手，那麼分手後，彼此就不會再經歷吵架和冷淡帶來的失望；你們因為與結婚相關的事情無法協商一致分手，那麼分手後，彼此既有了重新尋找結婚對象的可能性，也避免了繼續在一起而導致的更大的後悔等等。

總括而言，如果想知道他為甚麼要離開你，你需要關注他通過分手這個決定和分手這件事消除了甚麼，又獲得了甚麼？更清晰明瞭的表述就是，他滿足了自己甚麼需求。需求是甚麼？是**需要**和**渴求**。是當初相愛時，他需要並渴求着的你的回應、你的陪伴，還有那些快樂與驚喜；也是現在分手時，他需要並渴求着的安寧，想要消除的相愛時的痛苦和不安，或需要並渴求着的自由，想要消除的束縛。

當然，除了這些精神上的需求，人在物質上同樣也有需求，無論是衣食住行還是其他需求。

譬如，所謂「抓住男人的胃，就是抓住他的心」這句話說的也是通過滿足他對「好吃」的需求贏得他的心。實際生活中，如果一個人最核心的需求確實是享受美食，那麼在彼此有愛的前提下，戀人這麼做會產生效果。但如果這人不愛美食，就不會愛做美食的這個人，那麼你即使成為頂尖大廚也無濟於事。所以，愛和被愛是親密關係中最大的需求，而其他的各種需求則因人而異。

但只要有人想要分手，那一定因為是「繼續在一起」已經無法滿足他的需求，分手才能給他滿足需求的機會。每個人的需求都不一樣，你可以試着想想，去找到當初你們的相愛是滿足了彼此甚麼需求，如今分手了，又在滿足彼此甚麼需求。

分手不一定是因為兩個人完全不再相愛，但分手一定和需求的變化有關。

看到這裏，你可能會想，需求滿足不是一件很容易的事嗎？就算我對他的了解有限，他也可以告訴我他要甚麼，我給他即可。我愛他，只要我能做到的，我甚麼都願意

做。需求滿足不是一個如此簡單的過程，也不是一件容易的事，它對雙方的要求都很高，需要兩個人的默契配合。我們來看一下需求滿足的四個環節：

- 產生需求
- 表達需求
- 識別需求
- 回應需求

其中，一方產生和表達需求，另一方識別和回應需求。

第一個環節是**產生需求**，有時候需求的產生很突然也很隱蔽，它不像身體會自然而然地讓你知道餓了、冷了，需要吃東西、添衣服。當需求是無形的並處於情感層面時，需求的產生往往比較隱蔽。譬如，你覺得不安，但你無法清楚感知這個不安，你只是忍不住地想要打電話、發消息給對方，想得到對方的回應。這樣做表面上你的需求是聊天，但背後的需求是消除不安。

清楚地了解自己的需求是一件很難的事情，這方面做得好的人既能保持對自我需求的覺察，還要能在覺察需求之後知道自己的這些感受和想法背後的深層需求。在產生需求並且知道自己產生了甚麼需求這個環節之後，我們來看**表達需求**。

在需求的表達上，常常會出現三個問題：

第一個問題，**不表達**，把需求藏在心裏，期待對方有讀心術。譬如，我不說話，等着你發現我不開心了，等着你來和我溝通；再譬如，今天上班很累，我回家後一進門就躺在沙發上，甚麼都不說，但我卻希望你知道我很累，也希望你能讓我睡一會而不是催着我快點去做飯或洗碗。我們不表達時，其實是在期待對方的主動關注和關心。只是，兩個人雖然親密，但終究是兩個獨立的個體，身體的感受不能共享，腦海裏的想法也不能共享。對方猜得出你的感受與想法那是他比較厲害，猜不出也是人之常情。於是，需求不被表達時，錯過幾乎是必然的。

第二個問題，**間接表達**，通過各種方式暗示自己的需求，現在對方不需要猜了，但對方要翻譯這些暗示，翻譯的難度也不低。譬如，你以「馬上要放假了」暗示對方計劃約會或旅遊；再譬如，你把門「砰」的一聲關上，暗示對方自己很生氣，等等。各種間接表達每個人都曾採用過，但是間接表達很容易被誤解，也許對方聽到你說放假時以為你在感歎終於可以在家休息一陣了，聽到關門聲時以為你只是不小心用力地關了門，而你關門是想一個人安靜一下。

第三個問題，**不提感受**，不被滿足或被滿足以後，既不說難過也不說開心，甚麼反應都沒有。這樣有時會讓人感到茫然。生活中總有些時候，兩個人因為各種各樣的原因一時沒辦法滿足彼此的需求，但如果有需求的這一方即使不被滿足也甚麼都不說，用沉默代替一切，另一方就會錯過他正在難過或正在受到傷害的事實；又或他明明被滿足了，也甚麼都不說，這也會讓對方不知道自己做得怎麼樣，也不知道你是不是感到開心。表達自己的感受既可以讓需求再一次被看到，也可以告訴對方你喜歡和討厭甚麼樣的滿足方式。

那好的表達需求的方式是怎樣的呢？好的表達需求的方式是告訴對方：我需要你為我做甚麼，行動的指令越直接具體越好。

譬如「我需要你多陪伴我，我們約會時，我希望你能放下電話，專心陪我」

「我需要你給我一點獨立的空間，當我說我需要安靜一下時，你能讓我一個人靜靜地待上半小時，然後我們再繼續溝通」

再譬如「我需要你能在朋友前多給我留點面子，多誇我，即使不誇我，也不要在大家面前批評我，想批評我的時候可以私下和我說」。

記得，是「需要」而不是「要求」。

親密關係意味着甚麼？意味着兩個人的距離很近，兩個人在擁抱彼此的生命，我們想要的是怎樣的擁抱？是溫暖又柔軟的。需要就顯得比要求更柔軟一些，如果還帶着真摯的感恩，擁抱就會有溫度。你與自己對話時也可以這樣，不要再對自己說「我要求自己好好學習」「我要求自己堅持鍛煉」，而改成「我需要自己好好學習」「我需要自己堅持鍛煉」，對自己柔軟一點。人在表達需要時會顯得脆弱，但愛會擁抱脆弱。所以，以後對你愛的和愛你的人，**試着用「我需要」來代替「我要求」**。

表達需求是這四個環節中最關鍵的。表達得好，兩個人之間的需求滿足就會變得容易很多，所以我鼓勵你多練習表達。只要對方愛你且你採用了好的表達方式，對方一般都會做出回應，即使一時回應不了，也會給出解釋。而且即使沒回應，只要你接着表達，回應就是未來很可能發生的事。但我們還是簡單看一下**識別**和**回應**中常常出現的問題。

第一個問題，**忽視和迴避**，假裝看不到或否認對方的需求。譬如和對方說：「你不需要這個。」再譬如和對方說：「認識那麼久了還弄甚麼浪漫和驚喜啊。」

第二個問題，**誤判**，錯誤地替對方決定他想要甚麼。譬如和對方說：「你現在不需要娛樂，你需要工作。」或說：「你現在不需要研究事業，你需要專心照顧家庭、安心備孕。」誤判的原因既有不懂彼此，也有不將對方看成一個獨立的人，只是讓對方配合自己、聽從自己。

第三個問題，**評價性的識別和回應**，看到對方的需求後，不深入思考便做出評價，不思考對方內心真正的訴求。譬如，吵架也是一種表達需求的方式，但一些伴侶對此會說：「你怎麼又和我吵架了，是故意讓彼此都不高興嗎？」再譬如，女方還是想要發展事業，戀人直接回應：「一個女孩子為甚麼要那麼拼搏事業，這樣做沒有意義，愛情和家庭才是最重要的。」評價性的識別和回應會帶來甚麼問題呢？這種識別和回應會帶來情緒，尤其當你認為對方的需求不合理甚至是懶惰、無能或自私的表現時，你就會有情緒，這樣的情緒讓人在回應時忘記溝通，而只是在釋放情緒。另外，評價性的識別和回應本身就是在忽視對方的需求，忽視對方作為一個獨立的人的想法和需求。

那正確地識別和回應是怎樣的呢？正確地識別是多詢問對方的想法，反復確認對方是不是想要這個、想要的程度，在回應時多詢問「為甚麼」，多詢問自己做的是不是他想要的，而不是忽視、誤判和評價。不過，無論怎麼樣，如果表達得不好，識別和回應就都是難上加難的事。所以，在一段親密關係中，你如果想要做好需求滿足，還是要多練習自己表達需求的方式。

看到這裏，我想你已經明白，需求滿足看起來很容易，**實際上卻充滿障礙和困難，一不小心就會做錯。**這時候，我們再回到「他愛過我嗎，為甚麼離開我？」這個問題。可能你們彼此相愛，但是缺少滿足需求的技能。彼此的需求得不到滿足，你們便漸漸失去了幸福，變得不再親密，並且也沒有可以改變現狀的信心，於是選擇了放棄；也可能分手本身就是為了滿足需求，譬如追求自由和事業、更好的物質生活、父母的親近和肯定等等。所以，如果想找到這兩個問題的答案，你既要關注需求本身，也要關注需求得到滿足的過程。

在下面的四節，我會帶你重新認識關係中的各種變化和挑戰。通過學習，你也會懂得更多親密關係中的愛與需求。

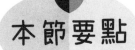

本節要點

完整的愛是激情、親密和承諾。

如果雙方不夠了解彼此，即使在一起，也可能是「假性親密」。

分手不一定是因為一點愛都沒有了，但分手一定和需求有關。

需求滿足有四個過程：產生需求、表達需求、識別需求和回應需求。其中，表達需求是最關鍵的，而回應需求是最容易出錯的。

● 行動指南 ●

1. 回顧你在上一段感情中的主要需求，以及需求得到滿足和沒有得到滿足的過程。

2. 找到你表達需求的主要方式，是「不表達」還是「間接表達」，或是「直接表達」？另外，觀察自己在需求滿足的過程中，有沒有表達感受？

3. 試著分析你或對方在通過分手滿足哪些需求。

他為甚麼要出軌

出軌導致的分手是一種非常特殊的分手情況。如果說分手的傷害已經讓你很痛苦了，那麼出軌的傷害無疑會讓你更痛。

這種痛就好像，在受到分手的傷害的基礎上，你還感覺原本你最信任也最依賴的，曾經付出了真心和努力的他，不僅沒有珍惜和回應你的愛，還在你的心口上直接刺了一刀。而且不止他在刺傷你，他身邊的第三者也在刺傷你，他不僅給了第三者傷害你的機會，甚至還沒有阻止這種傷害。

巨大背叛帶來的痛苦、打擊和傷害幾乎只有親身經歷過的人才會懂，這在一段感情中、在一個人的人生中，都是十分兇險的異常情況。如果可以，我希望你永遠不要經歷這樣的痛苦，但如果你已經經歷了這些，我希望這一節乃至整本書的內容，能給你一些安慰和啟發。

當我們被出軌或看到別人的戀人出軌時，我們常常會問：「他為甚麼要出軌？」很多時候，這個問題不是一個疑問，而是一句質問：「他怎麼可以出軌？」

質問的背後是評價和指責。我們認為出軌是不對的，出軌的人在道德層面有問題。從道德層面對出軌和出軌的人做出評價，本身沒有問題，但是僅僅基於道德層面的評價很容易讓我們忽視更全面的真相，這會阻礙我們去了解更多的「背後的問題」，譬如在他出軌的前後究竟發生了甚麼，他究竟是怎麼想的？

而更全面的真相會給我們更多啟發，這種啟發會告訴我們：親密關係中最糟糕的異常情況是如何發生的？我們怎麼做才能避免這樣的異常發生？有哪些風險需要提前識別和應對？

對於經歷過的人來說，真相本身就會帶來慰藉。

所以，我希望讀到這裏的你，和我一起重新認識出軌，找到「他為甚麼要出軌？」這個問題的真正答案。想要認識出軌，我們先要清晰地界定甚麼是出軌。出軌有三個關鍵詞：

第一個關鍵詞，**違背伴侶意志**：明知道伴侶接受不了，但

還是去做了；第二個關鍵詞，**身體親密**：和別人發生了原本只會和伴侶發生的親密行為，譬如性行為、親吻、同床共枕等；第三個關鍵詞，**情感依戀**：想在心靈上不斷地靠近對方，遇到任何小事都想和對方分享，想知道對方正在做甚麼，想關心對方。這種感覺，很像我們和戀人相愛前後的那些心動和思念。

肉體出軌比較好判斷，就是違背伴侶意志和其他人發生了身體親密的行為。而**精神出軌**比較難判斷，因為一個人可以否認情感依戀，把情感依戀視作友情。他可能會說：「我又沒和他做甚麼，我們只是很好的朋友。」

那麼如何判斷精神出軌呢？你可以通過梳理自己的心路歷程判斷想法。你可以在夜深人靜時捫心自問，如果有機會可以和這個所謂的「很好的朋友」發生身體親密，沒有人會知道，你想不想發生？如果答案是「想」，那就說明你有和他身體親密的欲望和願望，違背伴侶意志加上情感依戀，那就是精神出軌。

有時候精神出軌帶來的傷害比單純的肉體出軌更大，因為情感依戀一旦建立就很難切斷。而兩個人之間最重要的是甚麼？是彼此的感情和關係上的契約。精神出軌不僅在打破契約，也讓感情本身發生了變化。所以，肉體出軌一旦

包含了情感依戀，就很難切斷，單純的肉體出軌可能只是為了欲望和刺激，而包含情感依戀的肉體出軌，除了欲望和刺激外還有感情。感情一旦產生，常常覆水難收。出軌發生後，你如果考慮是否繼續維持關係，一定要判斷對方和第三者是不是存在情感依戀。**在有情感依戀的情況下，關係的維持和修復就會難上加難。**

一個人的戀愛與分手常常和他的需求滿足有關。而出軌，也是出軌者在通過其他關係和其他人滿足自己的需求。這個需求和戀愛或分手的需求一樣複雜，不只是出於性和感情。但接下來會有一個很多人的**錯誤認知**，也是被出軌者身上經常會發生的情況，就是將出軌對象和被出軌者進行比較。他們認為，如果原來的關係已經讓出軌者足夠滿足，那他為甚麼還要找其他人呢？比輸了就說「難怪他出軌了」，比贏了就說「這情況還出軌真是不知足」。

我想要告訴你們，不是這樣的，不要這樣比較。無論一個人是怎樣的，都不該遭遇出軌這樣的背叛，這種比較讓人在出軌傷害的基礎上更受傷。這樣的比較本身就是錯的。因為對出軌者來說，他出軌，不是因為誰比誰更好，誰更能滿足他，而是他覺得，相比於直接分手或忍着不出軌，出軌對他來說是一個更好的選擇，也就是說，他比較的對象不是兩個人，而是出軌和分手之類的其他選擇。

看到這裏，我想你可能也意識到，那句「感情中沒有第三者，不被愛的才是第三者」是一句詭辯，因為「第三者」指的不是感情，而是說這個人是一段感情關係契約外的第三者，和愛不愛沒有關係。另外，真正的愛情建立在平等的基礎上。出軌發生時，彼此都已經失去了平等，一段出軌的關係中或許有感情，但很難有真愛。

如果你是因出軌而分手，無論這個分手是你主動提出的，還是對方在出軌暴露後提出的，我希望你都能夠**放下對自己的懷疑和責問**。無論如何，對方出軌都不是你的錯。或許你在這段感情中有做得不完美的地方，但所有人、所有關係都不完美，不完美不代表對方可以出軌，這不是你的錯，是他的錯。

而且，對方雖然做出了出軌或分手的決定，但這不代表他就是你和你的生活的裁判。不要執着於出軌者和第三者。我見過很多被出軌後頻繁整容的女孩，或被埋怨身材不好就過度健身的男性女性，也見過被嫌棄沒錢後就拼命賺錢的人，他們並不快樂，也沒有獲得真正的安寧，因為這些做法本質上還是活在出軌者的陰影中。

不要讓他決定和評價你的好、壞、美、醜，你是否美麗、溫柔不溫柔、是否優秀等。試着去找到自己的標準，過你

自己真正想要的生活，或找到真正欣賞你的人。你依然可以去健身，也可以美容或拼命賺錢，但一定要確保做這些是因為你自己真心想要，而不是為了向出軌者證明些甚麼。

看到這裏，你可能已經放下了一些質問，真正地開始疑惑：「他為甚麼會出軌？」從出軌者的角度來說，他是在滿足自己的需求。但是，他為甚麼會在那麼多種選擇中，選擇出軌呢？這時候，只看滿足需求的這個角度就不夠全面了。

出軌的成因

大部分人也都知道出軌是錯誤的，知道出軌本身會帶來傷害和風險，不僅對他人有傷害和風險，對自己也有。但是這個人還是出軌了，而出軌的背後，有三個關鍵因素：

第一個關鍵因素，他是個甚麼樣的人，他本身對出軌是甚麼態度，他的需求滿足情況如何。簡單來說，就是一個人在出軌上的個人傾向。

第二個關鍵因素，他身處的環境對出軌的包容程度如何？有沒有發生出軌的機會？譬如，有沒有潛在的出軌對象，可以接受他在關係外發生感情或肉體關係的對象；再譬

如，出軌是否會對他的事業產生影響，例如一旦被發現出軌就會失去工作。

第三個關鍵因素，即使他排斥出軌，但是當環境中有機會時，他會不會在脆弱和失控時意志薄弱，發生出軌行為？也就是他能否控制得住自己？有時候是人的問題更嚴重，有時候是環境的問題更嚴重，還有些時候，人和環境都很正常，是人在環境中失控了。

為甚麼要知道這三個因素呢？對經歷過出軌的人來說，這三個因素會讓人放下一些怨恨，還會讓人多一些安全感，因為當你知道一個人或一段感情是怎麼一步步出現問題時，你就會知道如何改變或避免這個情況。你會知道是這個人本身有問題，還是這一段關係有問題，或是他所在的環境有問題。當你想重建這段關係或想建立一段新的親密關係時，你會知道你是應該增強自己的識人能力，還是應該改進維護親密關係的能力。

沒經歷過出軌的人其實很幸運。這份幸運背後有每個人的智慧和努力。沒經歷過出軌的人如果能明白這三個因素和出軌的聯繫，也會進一步了解一個人或一段感情關係在甚麼情況下會走向異常，換個角度說，我們也能從中知道如何讓兩個人走得更長久、更親密。

出軌者無法在專一的忠誠關係裏得到滿足感，這既可能是
因為他的需求沒有得到滿足，有些時候也可能是因為他的
需求本來就沒有辦法通過專一的親密關係得到滿足。譬
如，有些人就是想要擁有不同的伴侶，也有些人希望伴侶
是完美的、全能的，這樣的期待必然無法得到滿足。再譬
如，有些人希望伴侶始終無條件地關注和包容自己，這是
把對父母之愛的期待轉移到了伴侶身上，伴侶做不到也是
正常的。

還有很多類似的情況，也就是這個人的需求與專一的感情
關係能提供的東西並不匹配。很多人要想清楚，自己和對
方想從愛情中得到的是甚麼？一段專一的感情關係能不能
提供這些？如果不能，那這個人就會有比較強的出軌的個
人傾向。

當「我愛你」中的「我」追尋的是無法在專一的感情關係
中得到的東西，那這段感情會面臨異常情況幾乎是必然的。

在實際生活中有些人會美化出軌。譬如上文中出軌者將第
三者和原有伴侶進行比較的行為，就是一種無意識的包
容，因為它假設出軌者是想做個所謂的更好、更進步的選
擇。這種假設讓人忽略了比較的前提是出軌者欺瞞並背叛
了自己的伴侶。我們周圍的環境，譬如公司、朋友、原生

家庭、伴侶關係等，如果出現美化出軌、包容出軌者、為出軌提供機會的氛圍，那麼出軌發生的概率就會大大提高。

在這樣的情況下，一個人即使在道德上是排斥出軌的，但當他處於對伴侶極端失望和憤怒中，又或在喝醉了神志不清等不夠清醒的情況下，也可能一時失控發生出軌。這樣的出軌大多是單純的肉體出軌。如果有情感依戀，那失控本身應該是有「預謀」的，因為一個人意識到自己對自身親密關係之外的其他人產生了感情，在理智的控制下應該主動與其保持距離，距離沒有保持住，其實是潛意識想為身體親密創造機會。

看到這裏，我想你已經知道了「他為甚麼出軌？」這個問題的答案。只是在每個人經歷的出軌故事中，除了背叛是相同的，其他的感受和緣由都各不相同，有的是「人」的問題更大一些，有的是環境的問題更大一些，有的是失控來得太突然。但有一點是肯定的，就是出軌也好，分手也好，這都意味着兩個人已經不再親密。

下一節，我們就來聊聊，是甚麼造成了關係中的裂痕和疏遠？

本節要點

從質問走向疑問，是探尋感情中的背叛真相和改變自我的重要一步。

與第三者產生情感依戀的出軌是最難切斷的，這種類型的出軌在重建關係時也會受到很大阻礙。

當出軌者選擇出軌時，他並不是在比較伴侶和出軌對象哪個更優秀，而是在比較出軌與分手哪個是更好的選擇，他是在原來的關係中尋求改變。

有三個關鍵因素會使人產生出軌行為：個人傾向、環境和失控點。

● 行動指南 ●

1. 如果你經歷了出軌，觀察一下這段出軌中是否包含出軌者對第三者的情感依戀。

2. 如果你經歷了出軌，試着找到這個出軌行為背後的原因，可以從個體傾向、環境和失控點這三個關鍵因素入手。

3. 如果你沒經歷過出軌，那你也可以換位思考，試着覺察一下自己的需求能否在一段專一的感情關係中得到滿足，及時檢查彼此的狀態。

3.3 是甚麼造成了裂痕和疏遠

人們在感情關係中，無論是戀愛、分手還是出軌等行動，都是由需求在推動，人們是在這些行動過程中滿足自己的需求。

愛和被愛本身就是一種需求，親密和獨立也是需求，自由和安全也是需求。我們知道滿足兩個人的需求不是一件容易的事，人們在表達、識別和滿足需求的過程中會出現各種各樣的問題，而分手和出軌都是出現問題後最嚴重的後果之一。

但這裏會有一個問題，兩個人在一起的時間越久，互相也應該愈了解、也與有默契，但為甚麼感情沒有隨着時間越來越深，反而走向破裂？如果說彼此的需求滿足做得愈好，兩個人就會愈親密，那甚麼是滿足需求的根本困難和挑戰？

因為**變化**，因為生活本身一直在變化。尤其當生活中的變化重新定義了「你是誰」，也就是重新定義了角色時，你的變化會更大。而這種重新定義「你是誰」的變化，在大部分人的一生中，尤其在成年的整個過程中一直在發生。譬如：

進入公開試衝刺階段，從學生變成了一個考生；

離開家鄉到國外升學，從當地人變成了一個異鄉人；

畢業後，從學生變成了職場新鮮人；

戀愛後，從單身變成了某人的男朋友或女朋友；

結婚後，從彼此的戀人變成了妻子或丈夫，也變成了另外兩位長輩的兒媳或女婿，

除了身份上的轉變，我們還有一些角色上的增加，譬如有了孩子後成為某人的父母，我們不僅要負擔每個新角色相應的義務和責任，也會因每個新的角色產生新的需求。譬如，成為孕婦時，女性會希望得到妥帖的照料，希望在營養上能幫助寶寶發育，在生活上能減少懷孕帶來的不便，這些就是新角色帶來的需求。

還有一些比較容易忽略的需求，譬如當一個人升職到管理層後，他的工作內容和工作壓力都會發生變化。這時他就會有提升管理技能和排解工作壓力的需求。但生活中，我們往往只會恭喜自己的戀人得到了更好的職位，而忘記他在得到更好的職位後產生的新的需求。

人不完美，也不全能，只要生活有變化，就會帶來新的挑戰，人也會在變化和挑戰中產生新的需求。舉個簡單的例子，你肯定聽過「男人有錢就變壞」這句話，這句話蘊含了一個角色上的變化，即他從一般人變為有錢人。那為甚麼這會讓他變「壞」呢？對一些人來說，角色的變化帶來了他對自己的預期，也就是需求的改變，即他本來就認為有錢人應該做這些「壞事」，他以前不做壞事是因為他那時候的角色是一般人。

對另一些人來說，是因為角色的變化帶來了環境的變化。他所處的新環境中「壞」是常態，他有了更多機會接觸這些所謂的「壞」，也有了更多的機會學習這些。於是，當他態度改變、意志鬆動時就會「變壞」。

一段關係中的兩個人在一起的時間越久，就會經歷越多的「角色」變化。每當角色變化時，人們的需求和滿足需求的方式都會發生改變。但需求的改變往往十分隱蔽，有時

候當事人自己都意識不到，戀人發現則往往更加靠後。可以說正是因為熟悉，才讓彼此忽略了變化，忘記重新認識對方，忘記像剛在一起時那樣，認真思考「他實際上想要甚麼？」「我做甚麼能讓他開心」。

這便是「熟悉」帶來的「**變化盲視**」。留意變化和對變化做出溝通與調整，是滿足彼此需求的必要條件。一定要記得，他始終是你的戀人，但他也一直在變化。看到這你可以想一想，這幾年，你們都經歷了哪些「角色」的變化？

很多時候分手都是因為彼此都沒有適應變化。這就是為甚麼分手常常發生在畢業前後、異地戀時期，或談婚論嫁前，而裂痕和疏遠也常常發生在這些時候，還有懷孕、產後等時期，因為在這些時期，我們的角色都在發生劇烈的變化。看到這，我希望你先合上書，靜靜地想一下，分手前後，你們彼此又都經歷了哪些變化？

如果能找到生活本身的變化和彼此的角色變化，再找到彼此對這些角色的預期，你就能知道究竟是甚麼需求出了問題，導致兩個人分手。即使是因為沒有感情了，感情消失的背後也有一個需求不被滿足和逐漸冷淡、失望的過程。找到這些角色和需求的變化，你就能找到分手的原因，也能找到以後獲得幸福和親密的關鍵。

關於背叛

談完了變化，我想和你談談背叛。背叛裏也有「背叛盲視」。說起背叛，我們常常想到出軌，在很多人心裏這兩個詞幾乎是等同的，因為他們以為背叛發生在對出軌對象動心的那一天，或是他們在你不知道的時候去酒店開房的那一天。其實不是。出軌很可能發生在很久之前的某次背叛時。甚麼是背叛？**背叛就是故意背離幸福和親密，並且對傷害視若無睹。**

當一個人明明知道自己做的事會讓兩個人變得疏遠甚至有裂痕，但他還是做了，這就是背叛。譬如：假裝看不到對方正在難過、拒絕表達和溝通、忽視對方的付出和努力……譬如三年前，你們吵架了，但是溝通得不好，兩個人的關係出現了裂痕和疏遠，這其實就是一次背叛。後來，背叛發生得更多了，再後來，出軌就發生了。所以出軌不是一個獨立的事件，不是突然發生的事，而是一個過程，背後是很多背叛的積累。

雖然這些背叛不是出軌，但是這些背叛都對彼此造成了傷害，也讓兩個人變得不再親密。一段感情中，對於明顯的背叛我們往往會及時做出反應，每個人也都知道自己的背叛是錯的。但是，對於很多背離幸福和親密的細微的背

叛，我們經常會有「**背叛盲視**」。做出背叛的人會說：「這些細枝末節的小事，有必要這麼小題大做嗎？」遭遇背叛的人會和自己說：「沒關係，這些事會過去的。」背叛不是小事，造成彼此疏遠並產生裂痕的每一次背叛都是很重要的，處理好了，會更加親密，處理不好，就會在未來帶來更嚴重的背叛或結果——出軌或分手。

看到這裏，我希望你能先合上書，靜靜地想一下，這次分手前，彼此都做了哪些背叛？又有哪些「背叛盲視」？你當時不處理那些背叛盲視，是因為沒意識到這也是背叛，還是意識到了卻故意忽略了？

應對背叛一直是一件很難的事，因為沒有人可以明確地告訴我們甚麼是背叛，我們一直聽到的是「感情裏要互相包容」。於是沒有人能明明白白地告訴戀人們甚麼事可以做、甚麼事不該做。而且，當背叛發生時，我們的直接感受就是受傷，更嚴重點說就是憤怒，人在受傷和憤怒時，往往很難清晰又直接地表達出來到底發生了甚麼。

如果做出背叛的人既沒有道歉，又忽略了傷害，被背叛的人的情緒就會更加激烈，在激烈情緒的作用下，背叛會帶來爭吵，爭吵讓兩個人產生裂痕並彼此疏遠。很多人都沒有妥當地處理背叛，這不是因為不夠愛，而是因為這件事

本來就很難處理，它需要很多的知識和技能。而大部分人並沒有機會去學習這些知識和技能，而且我們以為只要是相愛的，就應該包容和體諒彼此。

在親密關係中，我們的確需要包容和體諒我們的戀人，但是對於背叛這樣的行為，我們不應該包容，應該積極應對。大部分人都知道，合理地應對背叛，把吵架變得有益於一段感情，一直是一件很難的事。

經歷過分手的你，可能也曾做過一些背叛對方的事，也曾被對方背叛。背叛是每段感情中一定會發生的事，即使很相愛，也可能會有背叛對方的時刻。良好的處理方式是把背叛作為一個機會，去了解彼此、調整互動，重新獲得親密。較差的處理方式是對背叛熟視無睹，也就是存在「背叛盲視」，讓背叛給彼此永遠留下裂痕和疏遠。

應對背叛

我們需要把經歷背叛的過程和感受表達出來。當背叛發生時，最先意識到這是背叛的人要說出來，彼此要溝通清楚，確定這個背叛是如何發生的？譬如，要問「你為甚麼假裝看不到我的難過？是因為你還有別的事要忙，還是

因為你覺得我不應該難過，或你就是不在乎我是不是難過？」把問題說出口，讓彼此都看到這個背叛，並且找到這個背叛背後的「為甚麼」。

然後是表達，表達背叛給你帶來的傷害，表達自己受傷的感受。兩個人之間，看得見的傷害遠好於看不見的傷害。因為在親密關係中，一方看不到另一方受了傷，那麼一方既沒機會去安慰，另一方也會感到孤獨又無助，這種孤獨又無助的感受會造成二次傷害。

怎麼表達自己受傷的感受呢？我們常用的方法是責怪對方，責怪對方做錯了。這種責怪讓我們覺得自己因為感到受傷而要求對方對我進行彌補也是合理的。但是我想告訴你，兩個人之間不必強調對方的對和錯，即使他做的事情是對的，譬如在你需要安慰時理性地和你講道理，但只要這讓你覺得受傷，你同樣應該表達這種受傷，也應該得到回應。

所以真正應該的表達是，讓對方明白他做了甚麼（而不是對錯），他的甚麼行為、甚麼話、甚麼看法讓你受傷。你受傷的具體感受是甚麼？是委屈還是生氣，或失望等等。最後一步才是彼此對背叛的合作式應對。

甚麼是合作式應對？就是兩個人共同商量如何彌補已經造成的傷害，如何消除背叛帶來的裂痕，如何避免類似的背叛。真摯的道歉可以彌補背叛帶來的傷害，誤會的解除可以消除裂痕，而彼此充分的溝通可以幫助避免背叛再次發生。

看到這，你應該已經明白了，是變化盲視和背叛盲視造成了裂痕與疏遠。所以面對變化盲視和背叛盲視導致的分手時，希望你不要太責怪自己或對方。處理親密關係是一件很難的事，想做得好既需要運氣，也需要很多知識和技能；即使現在做得不好，我們只要懷着一顆相信對方、愛護對方的心去學習，就能漸漸掌握維護親密和擁有幸福的能力。

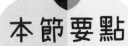
本節要點

　　感情關係中的「變化盲視」和「背叛盲視」會造成裂痕和疏遠，甚至帶來更嚴重的結果。

　　人在變化的過程中會產生新的需求，這會對彼此的需求滿足帶來挑戰。一段關係中的「熟悉」常常會帶來「變化盲視」。

　　背叛是一個日積月累的過程，每一次細小的背叛都要及時用合作式的方法處理。

● 行動指南 ●

1. 找到關係破裂之前，彼此正在經歷哪些變化？分析這些變化產生了哪些新的挑戰和需求？
2. 找到關係破裂之前，彼此之間發生過的「背叛盲視」，分析當時的處理方式有哪些可以改進的地方？

因為家長反對而分手意味着甚麼

我讀大學時，有一個同校師兄，他初中時就和女朋友相知相戀，這個女孩嬌小可愛，師兄說「我感覺她特別安靜」。他們一直戀愛到了大學。

男方的父母一直對女方不太滿意，覺得她長相一般、學習一般、家庭條件也一般。在外人看來，女孩在各方面與男孩都算不上門當戶對。於是男方父母一直反對他們在一起，其中媽媽尤其反對。

當時臨近畢業，師兄和女方已經同居了。他的媽媽會時不時地去他們同居的地方（這個地方是男方家長買的，所以有鑰匙），在女孩的面前說兩個人不般配，還會和師兄說別家的女孩如何優秀，並安排相親。師兄和這個女孩都不吵不鬧，安排相親時，師兄也都去，只是會在相親的時候告訴相親對象，我有女朋友了，我很愛她，我是會與她結婚的，只是現在父母不太同意。

明明都是讓人有些生氣又有些委屈的場景，但他們兩人就好像湖水一樣，任憑爸媽如何扔石頭，整片湖從來都只有漣漪，沒起過驚濤駭浪。我問女方是如何做到的，她說：「他媽媽這麼想也挺合理的，媽媽總是希望孩子得到更好的。她也沒不讓我們見面，我們依然在一起啊。」

我問師兄是怎麼做到的，他說：「激烈的鬥爭沒有意義而且也沒有用，我反抗得愈激烈他們管束得也就愈多，在無關緊要的事情上妥協反而能給我們更多的自由和空間。而且一開始他們以為我們只是小孩子的愛情，我們當時也確實是孩子，所以只能靠時間證明我們的感情，慢慢來就可以了。」

如此持續了兩三年。後來，男方的爸媽，尤其是媽媽終於不再阻攔，覺得兩個人在一起也很好。再後來，兩個人一起出國讀書，也在國外定了居，一如既往地生活得安靜又幸福。

這個故事給大學時候的我很多啟發。他們的愛情被父母反對，但他們從來沒有把力氣花在反抗上，以柔克剛般地獲得了自己想要的愛情。

這是個成功的幸福故事。接下來我們來聊聊不太成功的故事，因為家長的反對而分手，這究竟意味着甚麼？

我們分兩種情況來說，第一種情況是，**自己父母的反對**導致分手。第二種情況是，**對方父母的反對**導致分手。

先來看第一種情況。經歷過的人應該會懂，這個過程中最令人難過的感受就是不被信任，先是不被父母信任，父母不相信你們的愛情，也不相信你能自己選擇一個好的伴侶。也就是說，他們既不珍重你的感情，也不信任你的能力。

在這個過程中，戀人很可能會逐漸失去安全感，因為不被對方的父母接受本身也是一件讓人壓力很大的事，而且這種懷疑和排斥有點無妄之災的意味，讓人既委屈又氣憤。戀人一旦失去安全感，就會要求你做得更多，這時候，如果你做的事始終不合他的心意也沒有效果，那緊接而來的就是戀人的不信任。於是，你會面臨雙重的不被信任，幾乎沒有更糟糕的場景了。

這意味着甚麼？意味着你在過去和父母、和戀人的溝通中存在問題。你們之間缺乏互相了解的溝通，正因為不了解，才會有那麼多的不信任和懷疑。而且，他們不僅不了解你，也不相信你的獨立性，不相信你是一個可以對自己的選擇負責的成年人。所以這種反對表面上是在反對這場戀情，背後是對你整個人的不了解，是在懷疑你的選擇能

力以及獨立性。如果一直溝通得不好，既可能是彼此情緒的問題，也可能是彼此表達能力的問題，而情緒管理的能力和表達能力都是未來在生活中越來越重要的核心能力。

也就是說，問題並不是特定的或突發的，不了解、不信任、情緒失控和表達不到位等，始終會帶來各種各樣的問題，並不會因為你換了個讓父母滿意的戀人就消失。所以，如果你真的遭遇了這個情況，試着把這件令人難過的事轉化為一個提醒自己學習和增強情緒管理能力的機會。能力進步了，既有可能挽回戀人、說服父母，也有可能讓你的戀愛更順利，以後的婚姻生活更幸福。

除了溝通的問題，關於父母反對你的戀情，還有個特殊情況需要留意。

父母是我們最熟悉的陌生人，為甚麼這麼說？我們對父母的認識往往處於孩子的視角，很少把他們作為兩個獨立的成年人去觀察和認識，去感受他們同樣作為兩個成年人正在經歷的喜怒哀樂和跌宕起伏。反過來也是一樣的，父母處於他們的視角，永遠把我們當作孩子，忘記我們也已經和他們一樣是獨立的成年人。但即使如此，父母對我們的了解也可能比我們想像得更深一些，並且關於愛情和生活，他們已經經歷過了，雖然不同時代人們的愛情和生活

都不同，但愛情中的激情和生活本身需要的準備，他們也都經歷過。

很有可能，父母之所以反對，是因為他們看到了你自己沒有留意的那些地方，譬如你以為自己可以為了愛情接受窮困的生活，但父母知道不管愛情如何偉大，當愛情的底色褪去，兩個人逐漸走向平淡時，更緊要的是生活。也就是說父母反對的不是你的愛情，而是他們推測的這份愛情會帶給你的生活，他們不希望你經歷那樣的生活，也覺得你無法承受那樣的生活。所以，當父母反對時，你應該多問問他們是出於哪種思考得出的結論，多給他們點耐心，聽他們慢慢說。溝通時，尤其是在面對質疑和反對時，我們常常急着表明自己的想法，卻忘記了傾聽，而**解決問題的鑰匙很可能藏在傾聽裏**。

多聽聽父母的想法，先假設父母說的可能也有道理，試着去理解他們的邏輯。這樣接下來，無論你是要表示贊同還是要和父母辯駁，都能知道該如何應對他們的質問，也會知道你在哪些情況下需要考慮父母的建議，哪些情況下不必聽父母的。總之先不要急，要進行充分溝通，只要你擁有獨立生活的能力，讓父母逐漸發現你的確是幸福的、平安的，父母就會支持你的選擇。即使很難獲得他們的支持，但只要你確信你能幸福並且是幸福的，那就堅定地往前走。

而第二種情況是，對方父母的反對導致的分手。

那麼這時，你們彼此和對方父母之間的了解、溝通、信任和情緒管理等問題，都提前暴露了。這些問題即使不是在現在暴露，也會在未來暴露。所以依然是如上文說的，他的父母看起來是在反對你們，但更核心的問題其實不止於此。他的父母不一定是在針對你，即使他們在針對你身上的某些標籤，譬如學歷、長相、收入、家境等，也不是真正地在針對你，他們針對的是他們想像中的你。希望你**不要因為他們的反對而失去對自己的信心**。

還有一點可以確認的是，你的戀人，現在或許應該稱為前任，確實做不到脫離父母而獨立地和你相愛與生活。這種無法脫離，既有可能是因為精神上的依賴，也有可能是因為物質上的依賴。而只要這種依賴不改變，即使歷經千辛萬苦甚至委曲求全，未來你們也可能會遭遇更大的問題。

最後，我想還是從「需求」的角度聊聊這件事。在愛情和婚姻上得到父母的支持和祝福，是很多孩子都會有的需求，這個需求既包括情感上的，也包括物質上的。我們在各種愛情故事的影響下，會認為父母的支持和祝福是戀情的「基礎」，於是遭遇父母反對時，常常措手不及，也感到很難過，因為我們理想中的愛情和父母不是這樣的。但

是其實這個需求本身並非理所應當。擁有父母的支持和祝福的感情是美好的、幸運的，但無法擁有父母的支持與祝福也很正常，畢竟是不同時代的人對愛情與生活的理解不同，他們或許不了解你對愛情的期待和對戀人的認識。所以，如果你能放下有關獲取父母支持和祝福的執念，也能讓戀人放下這樣的執念，你們就會放下很多焦躁和指責。這時候，再去爭取父母的支持和祝福就會更從容。

一段感情想要走得長遠和幸福，小家庭與大家庭之間的平等和獨立很關鍵。因為建立在血緣關係下的聯繫是天然的，但平等和獨立卻是需要我們靠自己的努力和智慧才能達成的目標。父母反對戀情導致的分手所反映的核心問題就是這份平等和獨立的缺失，這是我們每個人在原生家庭中都需要完成的功課，完成得愈好，我們和戀人的感情和生活也會與幸福。

所以，希望看到這裏的你，接下來會試着去增加對父母和戀人的了解和信任，也增強自己獲得平等和獨立的能力，加油！

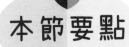

本節要點

　　因家長反對導致的分手，背後通常有着更複雜的問題，例如溝通問題、獨立生活的問題等，只有這些問題真正得到突破時，兩個人在一起才能收穫幸福。

　　試着以開放的態度傾聽父母的想法，他們確實可能是錯的，但他們也有可能是對的。

　　一個在原生家庭中平等又獨立的人才有可能組建一個平等又獨立的小家庭。

行動指南

1. 如果你的感情是因為彼此的家長反對而破裂，試着找到這種反對背後的其他問題、平靜地聽一聽他們的想法，並讓自己從中獲得成長。
2. 如果你沒經歷過，也可以找機會聽一聽父母對愛情和生活，以及對你適合哪種伴侶的想法。

3.5 哪種的感情從一開始就有危機

那種開始時就幾乎註定會走向分手，或離親密和幸福也始終有距離的感情也需要注意。我在這裏提三種最普遍也最容易迷惑很多人的情況。

第一種，我想請你先看看愛情裏的**征服欲**。

我想你也知道愛情是有征服欲的。愛情中的征服欲體現了我們的激情和渴望，這本身是一種激蕩的美。譬如我們常見的「贏得她的芳心」「男人征服世界，女人征服男人」等說法，都是在講愛情這種感情關係建立前的征服。但是，如果征服欲在感情關係中依然大量存在，就會出問題。譬如「在愛情中，誰先認真誰就輸了」這句話就是把一段感情視作一個戰場，有戰場就有輸贏。本來兩個人的感情是為了讓兩個人更幸福，但這句話硬生生地把兩個人放在了輸和贏的對立面。不僅如此，認真本來是一段感情中珍貴的品質，這句話直接貶低了這份品質。

那麼，當這句話被說出來時，真正的問題是甚麼呢？真正的問題是，認真的這一方的感情沒有被對方所珍視，或這份認真用錯了方向。好的認真是關心和陪伴彼此，壞的認真是無理由地每天頻繁詢問「你在哪」之類的問題。所以，錯的是認真對象或認真的方式，和感情的輸贏沒關係。而且如果一個人始終有征服欲、始終有輸贏的觀念，那麼一段感情維持得越長久，就越容易出問題。

這種問題有時候體現在，你如果因為各種原因不小心忽視了對方，對方就會故意忽視你，或故意不配合你，這是他在調整輸贏的平衡點。他這麼做之後會感覺自己沒有輸、沒有低人一等，實際上這麼做之後兩個人誰都不幸福。這就是把輸贏放在了幸福的前面。總之，感情中征服欲和輸贏觀強烈的人容易忽視幸福這樣的共同目標，而感**情是一次共同的旅程，也是彼此的合作與陪伴的旅程。**

第二種，我想談談**滿足感**，現在你應該已經明白了一段感情想要親密幸福，滿足彼此的需求很關鍵。但是，一個人的需求被滿足，不代表他就會有滿足感。滿足感是一種感覺，它取決於一個人的期待。簡單舉個例子，他因為餓去吃飯，吃完有了飽腹感，但是這不意味着他就會產生滿足感，因為對他而言，他期待的可能是熱騰騰的麵，但是他吃的是飯，所以他沒有滿足感。再譬如，更複雜點的

陪伴這件事：他想要你的陪伴，於是你在工作之餘陪伴了他。但是如果他期待的是無論何時何地，只要他需要你的陪伴，你就能出現，無論是立刻見面還是電話上立刻回覆他。在這樣的情況下，即使你覺得自己已經做得很好，他依然沒有滿足感。

看到這你會明白，他是否擁有滿足感取決於兩點：

第一點，滿足的方式是不是和他的期待一致。

第二點，他的期待是不是合理，當期待不合理時，無論別人怎麼全力去做，他都不會有滿足感。

第一點可以通過溝通調整，只要一開始有意識地多溝通，就可以解決問題。但是第二種很難解決，這個很難有滿足感的群體在心理學上被稱為最大化者。甚麼是最大化者？社會心理學家 Barry Schwartz 根據人們做選擇的特徵和選擇後的表現，把人分為**最大化者**和**滿足者**。

最大化者永遠不會對任何一個選擇真正感到滿意。也就是說，當這個選擇和感情有關時，他永遠不會對任何一段感情或任何一個伴侶感到真正的滿足。無論伴侶如何努力去滿足他的需求，他都會有更高標準的期待，也會不斷產生

新的需求，他希望伴侶是完美的或全能的。當伴侶做不到時，他會失望和抱怨；當伴侶做到時，他會覺得這是應該的，還會覺得伴侶依然做得不夠好。

與最大化者對應的是滿足者。滿足者的特徵是知足常樂，遇到讓他滿意的選擇後就會做出選擇，他們滿足於足夠好的選擇，不會去想後面還有更好的選擇。滿足者也有自己的標準，他們會苦苦尋覓符合自己標準的人，一旦找到就立刻收手。在生活中也是，只要伴侶做得符合他的標準，他就會感到滿足。

兩者其實都有各自的期待和挑剔，他們之間唯一的差別是，滿足者最終會對很不錯的對象與很不錯的需求滿足的方式感到滿意，而最大化者追求的是他選到了一個最好的對象、得到了最好的滿足方式。

看到這，你可能會覺得最大化者和完美主義有點像，但他們其實不一樣，哪不一樣呢？

完美主義者有自己的一套完美的標準，這個標準即使無法達成，但是你問他，你的標準是甚麼，他能準確地告訴你。但是最大化者其實沒有自己的標準，你問他，他到底要甚麼，他說我要最好的。你問他甚麼是最好的，他其實

並不知道。他會不斷地向外界尋求標準，在比較中不斷調整自己的標準，並且標準之間沒有輕重緩急，甚麼都要最好的。

這就是為甚麼最大化者永遠不會滿足，因為他的預期和標準其實都是變化的，都不合理。

第三種，我想聊聊感情裏的「**故意胡鬧**」和「**英雄主義**」。

你可能會奇怪，為甚麼故意胡鬧和英雄主義會放到一起？因為感情裏的故意胡鬧和英雄主義都與強烈想要得到關注的需求有關。

我們每個人都是在「關注」下長大的，嬰兒期的我們，如果沒有來自爸媽等成年人的關注，我們就沒辦法正常長大，所以得到無條件的關注和安全感緊密相連。這也是為甚麼越沒安全感的人，越容易在感情中故意胡鬧，因為故意胡鬧既是安全感缺失導致的情緒反應，也是得到關注的一種途徑。

英雄主義是怎麼回事呢？因為感情裏的英雄會得到對方全身心的關注和感激，作為英雄的這一方會感覺自己強烈地被需要，這會讓他覺得自己很重要。但是，確認「我很重

要」的方式不止一種，只有當一個人十分依賴「被人需要」的這種感覺，甚至認為只有強烈地被人需要才代表自己很重要時，才會發展出感情中的英雄主義傾向。

看到這你可能會想，那麼英雄主義和正義感的區別是甚麼？正義感源於對他人苦難的共情，是一種寶貴的品質。英雄主義者或許也有這種情感，但是兩者區別在於，正義感是去做自己覺得應當做的事、幫助那個該幫的人，而英雄主義有時候是去幫那個看起來孤立無援、最會求助也最會表達感激的那個人，即使這個人的孤立無援是因為其他人覺得這個人沒有必要再幫。

譬如，有正義感的人可能會拒絕幫助一個賭徒，但是只要賭徒善於表達對他人的崇拜和感激，英雄主義者就有可能幫助他。簡單來說，出於正義感的幫助是為了心中的正義；出於英雄主義的幫助是為了成為英雄。

故意胡鬧和英雄主義這樣**獲得關注和安全感、確認自己很重要的方式為甚麼容易造成感情危機**？隨着一段感情維持得越長久，只要兩個人彼此相愛，就越會期待彼此都是安穩的。但故意胡鬧也好，英雄主義也好，都與安穩背道而馳，這就是產生危機的原因。

看到這，我想你已經明白甚麼樣的感情從一開始就有危機，這樣的情況不止以上三種，簡單總結和概括一下就是：當一個人的特質及這個特質下的需求和感情關係不匹配，無法從長久的感情關係中獲得滿足感時，無論是甚麼樣的感情、甚麼樣的伴侶，都容易發生問題。

那怎麼辦呢？如果你的前任有這些特質，我希望你明白，只要他沒發生改變，那麼無論你們的戀愛過程重複千千萬萬遍，無論你做得多完美，你有多愛他，這段感情依然很有可能走向破裂。如果你恰好有這些特質，我們先做自己的功課，學着接納自己、學着從心底認可自己的重要性、也學着讓自己一個人時也能有安全感，然後，再學習用一種更溫暖、更平和的方式對待一段親密關係。這也是這本書希望能帶給你的，希望先重建自己，再去建設一段關係。

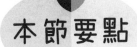

本節要點

　　有些感情關係破裂的可能性很高，例如在關係裏有強烈的征服欲、其中一方是最大化者以及有強烈的英雄主義傾向等。

　　感情關係中的征服欲意味着忽視了「幸福」這一共同目標，而把目光和精力牢牢地鎖定在輸贏上。

　　最大化者永遠不會對任何一個人或事真正感到滿意，因為他的預期和標準本身就不合理。

　　故意胡鬧和英雄主義傾向的本質都是渴求得到他人的關注，因為這會帶來安全感和重要感，但如果傾向很強烈，便會影響一段感情的安穩感。

　　正義感是為了心中的正義，而英雄主義是為了成為英雄。

行動指南

1. 覺察一下自己在之前的感情關係中，彼此是否屬征服欲強烈、最大化者、英雄主義類型的人。
2. 如果自己屬上述某一種類型，試着先對自己做到無條件的關注和接納。

3.6 警惕和遠離這幾類人

本節的內容也許相對小眾，但之所以要獨立成一節，特意拿出來講，是因為如果遇到過本節中的這四類人，很可能會對自己造成很糟的負面影響。

我們要警惕和遠離甚麼樣的人呢？簡單來說就是價值觀和行為已經近乎病態般失控的人。

在感情關係裏有四類人群要特別留意：

1. 在感情關係中使用 PUA 手段的人
2. 暴力行為失控的人
3. 成癮行為失控的人
4. 有人格障礙的人

我們先來看第一類人群，**在感情關係中使用 PUA 手段的人。**

PUA 的全稱是：Pick-up Artist，在一開始它其實是一種追求手段，說的是當事人通過系統地學習和練習與感情關係相關的技巧，獲得對方的青睞。但後來，培訓 PUA 的組織進入了一種有些失控的發展階段，用追求「成功」的表像，也就是追求「成功」的數量——譬如「百人斬、千人斬」，以及成功的病態定義——譬如讓對方甚至願意為愛墮胎、自殺等，來吸引越來越多人加入 PUA 的陣營。

看到這你會發現，使用這種 PUA 手段的人的眼中是沒有愛的，只有自私和利益，甚至會慘無人道地傷害他人。那 PUA 這種手段最大的特徵是甚麼呢？是「**打壓**」和「**隔絕**」，這兩種手段在本質上都是摧毀對方的自我價值感，並且讓對方的自我價值感毫無提升的可能性。

打壓和批評有相似之處，都是在告訴你，你不好，譬如：「你怎麼那麼胖」。但兩者之間的分別是，批評會說：「你得讓自己瘦下去。」，打壓會接着說：「你那麼胖，別人看到你就噁心，但我不會嫌棄你的」。也就說，批評是指出你的缺點，但相信你有能力變好，也希望你變好。但打壓是在指出你的缺點以後，完全不提任何改變你的希望和方法，有時候甚至會提一些莫須有的「缺點」，譬如不是處女、貪窮、父母離異等，這些事情並不是缺點，只是人生經歷而已，但使用 PUA 手段的人也會用這些打壓對方。

所以不少使用 PUA 手段的人會瞄準自卑的人，也就是自我價值感低下或不穩定的人，然後進一步打壓其自我價值感，當一個人的自我價值感低到不能再低時，就會覺得自己不配愛，覺得沒有人會愛真實的自己，但他在這個時候，還是在渴望愛的，這時，他會牢牢抓住明明在傷害自己、並不真正愛自己的這個人。

那為甚麼「隔絕」也是 PUA 的關鍵手段呢？因為每個人的自我價值感，除了靠自己、靠愛人建立，也會受到朋友、同學、同事、學校和社會等的影響。所以 PUA 為了達成打壓對方自我價值感的目標，會努力讓對方完全與外界隔絕，也就說對方完全沒有機會從別處獲得自我價值感，也沒有機會獲得外界的幫助。隔絕成功後，使用 PUA 手段的人便擁有了對於對方自我價值感的唯一審判權，這時候，陷入 PUA 的人就徹底進入了孤立無援的境地。

我們該怎麼做才能避免陷入 PUA 的圈套呢？任何時候，我們都要警惕這樣的人：

1. 讓你覺得你很差
2. 卻又不給你任何提升的希望和建議
3. 還在你身邊，讓你以傷害自己為代價滿足他的自私和利益

請你記得遠離他們。我們始終要明確這一點：真正愛你的人會讓你覺得你很好、你值得很多愛。他或許不是最愛你、最能發現你的好的人，但他一定不會讓你覺得：所有人都會嫌棄你、遠離你，只有他還在你身邊，你應該感恩戴德，只有他的肯定才是你最大的榮耀。

你要記得：你不必依賴任何人的「肯定」和「關係」，不要以傷害自己為代價，去獲得愛和自我價值感。其實對我們來說，當我們有穩定的自我價值感，健全的心理支持系統時，從感覺到「不對勁」的最初就能遠離 PUA。所以，我們需要不斷穩固自我價值感和自己的心理。

現在我們來看第二類，**暴力行為失控的人**。對於暴力行為，很多人存在兩個誤解。

第一個誤解是，身體暴力才是暴力行為，或家暴只有身體暴力。暴力行為分為身體暴力、性暴力、經濟控制和精神暴力四種形式。人們常常忽略的是精神暴力，例如冷暴力——長時間的冷漠、譏諷和打壓等。

第二個誤解是，暴力行為只會發生在文化水平、經濟水平或道德水平低的人身上。暴力行為可能發生在任何人身

上，只是有些群體更善於掩藏這些事。舉個例子，用「瘋狂駕駛」恐嚇伴侶也是一種暴力行為。

在一段親密關係中，身體和心理上一而再，再而三地遭受嚴重的傷害和痛苦時，就要意識到自己在親密關係中正在遭受的暴力，要留意對方是不是一個暴力行為失控的人。

現在看第三類，**成癮行為失控的人。**

怎麼判斷是一時的娛樂還是成癮呢？成癮有以下兩個特徵。

第一個特徵是有戒斷痛苦。娛樂是當你進行這些活動時，你會感到快樂，但成癮行為更多是當你進行這些活動時對癮和痛苦的緩解。也就是說，只要不進行這些活動，就會有百爪撓心、痛苦不堪，無法集中注意力去做其他任何事，只有這些活動才能消解痛苦。

第二個特徵是無法停止。娛樂活動可以因生活安排發生調整也可以暫停，但成癮行為無法暫停，因為「癮」始終在。一個人為了滿足這些「癮」不僅會影響工作和生活，甚至還會傷害自己與自己至親至愛的人。

最後我們來看第四類人群，**有人格障礙的人**，這種說法你可能比較陌生。

甚麼是人格？人格由若干個人格特質組成，包括少數的核心特質、若干個主要特質和很多次要特質。譬如，智力和創造力是人格的一種，性格（具有攻擊性、慷慨、樂觀等）是人格的一種，氣質類型（暴躁、衝動和抑制等）也是人格的一種。

那甚麼是人格障礙呢？人格障礙又稱病態人格或異常人格，是指人格因畸形發展而形成了一種特有的、明顯的、偏離所處的社會文化背景，以及不被多數人認可的行為模式。這種精神病症通常出現在青少年或成年早期，導致個體遭受較大的痛苦和損害。簡單來說，人格障礙的要點在於看法固化和適應性存在問題。同時人格障礙一旦形成，就很難改變。

看到這，你可能會覺得有人格障礙的人應該是少數吧？不是的。雖然目前沒有更嚴格的調查統計數據，但是許多研究者和臨床治療實踐者一致認為，人群中患有人格障礙的人至少占 10%，也就是說 10 個人中就有 1 個是人格障礙。患有人格障礙的人並不在少數，他們是個很大的群體。

常見的人格障礙及其表現有（見表 3-1）：

人格障礙	對自己的看法	對他人的看法	
強迫型	我負有責任，我要成為表率	他們沒有責任感	
偏執型	人為刀俎，我為魚肉	他們總想傷害我、偷我的東西	
反社會型	我行我素，我很聰明並且有特權，我需要刺激	我不要按照規則行事，別人的弱點就是我的機會	
邊緣型	我不好、我很弱小、我無法自救	別人很強大，他們可以照顧我。但他們也可能背叛、利用和傷害我	
自戀型	優越感，認為自己有特權	別人都仰慕我，希望成為和我一樣的人；大多數人都無關緊要，不值得我關注	
表演型	強烈地需要他人的關注和贊同	有別人的關注，我的自我感覺會更好；別人都很好操縱	

日常生活中的信念	常見的行為特徵	缺少的行為特徵
我必須掌控一切，不然我的生活就會出現問題	吹毛求疵、發號施令、墨守成規、極度周密	趣味性和創造性，合理的期望和標準
我不能相信別人，要時刻提防別人，這樣才能保護自己、守住自己的東西	警覺、反擊、懷疑、深藏不露	信任、接納、放鬆、坦誠
不用在意是否傷害了別人；我要做點有趣的事；我想要的東西我一定要得到	操縱和欺騙別人、尋求刺激、投機主義、掠奪別人的利益甚至是生命	責任、共情、遵守規則
我不能一個人生活，如果被拋棄，我會崩潰；我不能完全信任別人，不然我會受傷	懲罰別人、壓抑與戲劇化的抗爭狀態交替反復，通過輕率、自毀性的舉動緩解緊張	信任、自信、控制衝動、調節憤怒
因為我很特殊，所以我理應被特別對待；我必須擊敗挑戰我的人；我是最好的；我要始終用心維護自己的形象	競爭、利用別人、操縱別人、自吹自擂、攻擊挑戰者、不遵守規則、欺凌比自己弱小的人	共情與體貼、互惠、關注他人
如果沒人仰慕我，我會完蛋的；只要我有魅力，別人就會關注我；要利用好自己的魅力，讓別人來完成我的心願	放大情緒、展露性魅力、未獲得關注時會表現自己；不隨心意發怒	控制衝動、性謹慎、忍受痛苦、反省式觀察、互惠

人格障礙不止這幾種，還有：依賴型、迴避型、分裂型、抑鬱型、被動攻擊型等。在看表格的時候，你心裏可能已經有符合對應行為的人了。但要注意的是，**要讓醫生來進行人格障礙的診斷**，你不能判斷自我，也不能判斷別人。

但你能以此為參考，當你覺得一個人有些奇怪時，你心中要有一個想法：這人可能患有人格障礙。也就是說他的所作所為、所思所想，與你對他做了甚麼和你是甚麼樣的人沒有太大的關係，更多是因為他患有某種類型的人格障礙。人格障礙好比濾鏡，可以改變一個人的所思所想和行為表現。

現在，你已經對在感情關係中使用 PUA 手段的人、暴力行為失控、成癮行為失控和人格障礙有所了解，並且他們有時會重疊。

為甚麼要警惕和遠離這幾類人呢？很多人結合其他人的看法和自身實踐都會得出這樣一個結論：只要真心想改，只要心裏有愛，那這個人一定能發生改變。他即使不改，也至少是「虎毒不食子」？這個結論對一般人是有效的，但是對這幾類人會失效。

為甚麼呢？因為這幾類人的行為失控都是病態的行為失

控，他們的生理和心理都病了。他們的大腦發生了改變，意志力幾乎很難起效。並且，他們對暴力、賭博和煙酒等行為會有超乎尋常的渴望，這種渴望不是僅僅出於心理，而是從生理到心理都有渴望。這種欲望的產生和大腦內的多巴胺分泌失常有關。多巴胺本身不會讓人快樂，但多巴胺的分泌會增強人們對獲得快樂的預期，也就是說成癮人群大腦分泌的多巴胺會不斷促使他們去做成癮行為，而外界刺激的效果卻在不斷遞減。這也是為甚麼如果他們的渴望得不到滿足，他們在生理上會感受到真實的痛苦。

如果你的前任是這類人，你是因為痛苦和失望而遠離他，但你又懷念他對你多麼好，並且他也再三保證自己會改，所以你現在有點猶豫。這時，我希望你謹慎，直到對方已經發生了徹底的改變再進行選擇，不然你們很可能會重蹈覆轍。這不是因為他不愛你，也不是因為他沒有意志力，而是因為疾病需要特定的治療，並且治療和康復都需要時間，在既沒有治療也沒有康復鞏固的情況下，疾病必然難以根治。

如果你還愛着對方，更好的做法不是貿然回到對方身邊，而是提醒他去醫院就診，叮囑對方遵從醫囑。如果對方諱疾忌醫，或乾脆認為自己沒有任何問題（很多人格障礙的人都會認為自己完全沒有問題，他們反而覺得是認為他們

有問題的人有問題），那對方就幾乎不會有任何改變。在這種情況下，即使愛得再熱烈，你承受的痛苦也是非常大的。這種痛苦嚴重時甚至會導致一個人患上心理或精神疾病，甚至某些暴力行為還會致死。成年人對此尚且很難抵抗，更不用提孩子了，如果孩子生長在這樣的環境中，受到的傷害很可能是一輩子的。

所以，我希望你明白的是，我們的確要對人懷有希望，也要相信愛的力量，但如果科學告訴你這個希望需要通過科學的方法來實現，我希望你更相信科學。

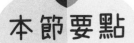
本節要點

在感情關係裏，有四類人群我們要警惕：在感情關係中使用 PUA 手段的人、暴力行為失控的人、成癮行為失控的人和有人格障礙的人。

在感情關係中使用 PUA 手段的人會用「打壓」和「隔絕」兩種手段。

暴力行為不只是身體暴力，也包括精神暴力，並且通常意義上的精英群體也可能存在暴力行為。

人格障礙並不少見，如果身邊的人有人格障礙，我們需要換一種視角去理解他們，也需要換一種方式去互動。

行動指南

1. 觀察一下在自己之前的感情關係中，彼此是否存在「使用 PUA 手段、暴力行為失控、成癮行為失控和人格障礙」的表現？如果自己很難判斷，可以求助專業人士，譬如醫院的精神科醫生。

2. 如果你或你深愛的人是這四類人中的一種，去尋求或囑咐他去尋求科學和醫學上的幫助。

第 4 章

看見自己

重建自我

4.1 看見受傷的自己

分手給我們帶來的難過可以隨時間淡去，但如果心裏留下了關於愛的傷口，或心裏原本就有關於愛的傷口，那分手或其他形式的感情破裂無疑是再次撕裂傷口。

劇痛是重要的，但劇痛不是最危險的。因為劇痛至少能讓我們立刻注意到受傷的自己，給我們機會主動尋求幫助。更危險的是那種**隱秘的傷口**，甚麼是隱秘的傷口呢？

- 再也不會有人這樣愛我了
- 我不配擁有美好的愛情
- 無論多麼美好的人和愛情來到我身邊，我都沒辦法做好，我會傷害我愛的人

……

如果你有上述這些想法，那很可能，你心中已經留下了關於愛的隱秘的傷口，這個傷口有關我們對自我、對愛與被

愛的信念，讓我們不再覺得自己值得被愛，也不再相信自己可以擁有和維護美好的愛情。除了這樣的信念，當一個人存在關於愛的隱秘傷口時，他還有哪些行為上的表現呢？譬如：

- 在感情關係中，不敢表達愛和需要
- 明明覺得彼此是相愛的，但自己總是不敢全情投入
- 覺得對方做得有些不對，但是總勸自己說這都可以理解
- 不敢追求自己真正喜歡的對象
……

也就是說，在與愛和感情關係有關的行動上，總是選擇主動放棄或主動退縮和迴避。

愛的隱秘傷口與感情的破裂有關，感情破裂會加深這個傷口。但這個傷口大多產生於一個人關於愛的最初體驗──當我們還是孩子時，那些大人們和同伴們對我們的愛。這些大人不只是爸爸媽媽，還有像爺爺、嫲嫲、外公、外婆等其他親人，還有老師們等重要的長輩。

看到這，你可能會想，我們該如何判斷自己小時候有沒有留下這樣隱秘的傷口呢？這確實很難察覺，也有很多人就這樣帶着傷口生活了一輩子，有時候他們還會無意識地把

傷害傳遞給伴侶和下一代。不過雖然傷口很隱秘，但有兩個問題能幫助你探索這個問題的答案。

在你的小時候，有沒有哪個人讓你感覺：只要他在，你就是安全的？

在你的小時候，有沒有哪個人讓你感覺，你在他眼裏是重要的？

如果這兩個問題你都能第一時間想到確切的對象並給出肯定答案，要祝賀你，你確切地擁有着關於自我的安全感與被愛的價值感。它們會幫助你找到真正親密和安全的感情關係，也讓你既能感受好的愛意，又能識別錯誤的關係，因為內在的安全感和價值感會讓你察覺到感情關係中的異常、危險與痛苦，會提醒你儘早做出改變或離開。

但如果這兩個問題都讓你有些猶豫，你沒有任何一個可以堅定不移地說出來的對象，那你可能經歷了發展性創傷障礙。這個創傷動搖了你的內在安全感，也動搖了你關於愛與被愛的自我價值感。如果小時候你的爸爸媽媽或其他長輩，或任何一個同輩的小夥伴，他們看見你時從來沒有感到開心和幸福，你就很難體會被愛和被珍惜的感覺。如果一個人的成長過程中總是充滿忽視甚至是嫌棄，他就無法

擁有內在的安全感。而當一個人沒有內在的安全感，就很難識別出感情關係裏的安全與危險。這樣的人在面對感情關係時會呈現兩種極端，把所有關係狀態都視為**危險**，或把所有關係狀態都視為**合理**。

在這本書的第 2 章中我也和你聊過安全感，而本節雖然再次提到安全感，但是兩者之間是有差別的。差別是甚麼呢？

第 2 章的安全感與關係有關，但這節所提的安全感和整個生活有關。也就是說，第 2 章中的「沒有安全感」是指一個人或許在愛情關係中沒有安全感，但他在職場關係、友情關係等其他領域依然可以自信、主動且樂觀。但當一個人有發展性創傷，那麼他內在安全感的缺失很可能正在影響他生活的每一方面。他的愛情關係、友情關係、親情關係、職場關係等，都很難讓他感到真正的滿足和安心。他明明已經覺得有些地方不對勁、也不應該是這樣的，也知道自己值得被更好地對待，卻還是沒有主動做些甚麼去爭取和改變現狀，甚至勸自己其實這也沒甚麼。

可是只要你的內心是受傷的，那麼在夜深人靜，當你靜下心來仔細地看向自己的內心時，就會看到一個慌張的、委屈的、警惕的，甚至是哭着的你。之所以會產生這種情

況，是因為內在靈魂的空虛。你沒有被愛、被需要、被真正地看見的感覺，即使身邊有人相伴，但依然感覺自己孤獨且無助，甚至無法把這些空虛和感受說出口。於是，你會沒有自我價值感，你會失去對生活的掌控感。

這時候，如果你依然對美好的生活和愛情懷有期待，該如何做出改變呢？

如果此刻的你已經提出了這個問題，你可以肯定自己，因為你已經邁出了很重要的第一步：**自我知覺**，簡單理解這個知覺就是說你開始留心你的自我是怎樣的、發生了甚麼。沒有留心，就沒有內心。對自我的知覺會幫助你擁抱受傷的內心，然後重建你內在的安全感和價值感。

知覺是第一步，第二步是**對自我的無條件接納**。你如果關注心理學的通俗內容，應該已經在很多地方看到過無條件接納這個說法。如果你思考過無條件接納，可能會產生這樣的困惑：難道無論我做甚麼，都應該無條件接納自己嗎？又或，在感情關係中，你愛對方，但對方明明做了傷害你的事情，難道這樣的情況我也要無條件接納嗎？

不是的。很多人都對無條件接納有誤解，無條件接納的對象從來不是行為，無條件接納對象的是你的感受。

也就是說，無條件接納是知覺自己的感受，然後接受這些
感受都是合理的，不壓抑、不排斥、也不評價，而是試著
找到這些感受正在告訴自己甚麼。同樣，對相愛之人的無
條件接納也就是接納對方的感受。該怎麼接納自己的感受
呢？你需要以下 6 個步驟。

1. 關注自己身體和心理的感覺，各個部位、各個器官的感
   覺，以及心理的感覺。

2. 試着用詞匯描述自己的感覺，有時候無法準確表達自己
   的感受是因為缺乏詞匯，這時你可以借助情緒詞匯表和
   感受詞匯表。

3. 把自己想像成孩子或一個你深愛的人，和自己進行對
   話，關懷自己。

4. 不要壓抑和否認自己的感受，試着和感受靜靜地相處，
   問自己：如果感受會說話，它正在和你說些甚麼？

5. 找到感受對你和生活的啟示，如果是提示你行動，那甚
   麼樣的行動對你來說既是關懷也是成長？

6. 帶着感受開始行動。

其實我們一直生活在一個忽略感受的世界裏，或說，我們一直認為理性是優秀的，我們要不斷精進和運用自己的邏輯。而感受是需要控制的，尤其是那些負面的感受，我們對待它們像對待洪水猛獸一般。

雖然有時候糟糕的感受確實會讓人暫時失去邏輯，行為也會相應失控，但這類問題的關鍵點不在於感受，而在於我們如何運用感受。一個人如果總是忽略感受，那就好像被割傷了卻毫無知覺，直到血流盡了才猛然發現自己身上有傷口，並且這個傷口從來沒有癒合。感受其實是一個探射燈，既照亮那些快樂和幸福，也會提醒你關注自己內在警覺和受傷的那部分，提醒你做出行動來改變。

勇敢的人才能和這些負面的、糟糕的、脆弱的感受共處。

那為甚麼明明感受很重要，一些人卻會養成忽視感受的習慣呢？是因為他們不勇敢嗎？不是的，是因為小時候的環境讓人覺得無力。即使察覺到了危險和不對勁，對一個尚且年幼的孩子來說，他也無力做出甚麼改變。在這樣的情況下，越關注那些負面的感受就越會讓自己難受、痛苦，所以一些孩子會告訴自己一切都很正常，告訴自己不要在意，然後就漸漸形成了壓抑和忽視感受的習慣。

形成這樣的習慣意味着甚麼呢？意味着人們看待環境的視角發生了改變，這讓人們形成了一種創傷性的視角：對環境總是無力、無力到最後乾脆放棄了主動和行動，把生活的掌控權都交給別人，即使覺得別人對自己不好也總是忍耐。創傷性的視角解釋了為甚麼一個人即使已經長大了、變強大了，但他面對一些人、一些事依然慌張並且態度總是傾向躲避，這是因為創傷性的視角影響了他的感受和思維──他沒想過自己除了被動忍耐還可以嘗試改變環境，他也不知道自己已經可以改變環境，或可以直接離開這個環境。

所以，在無條件接納自己之後，我們需要**培養自己的現實的視角**。怎麼獲得現實的視角呢？完全的現實的視角很難獲得，生活的真相總是露出一部分、隱藏一部分。被隱藏的那部分有時是有意被隱瞞，但也有時確實是因為沒人知道真相是甚麼。完全的現實視角幾乎只能在看虛構故事時獲得，譬如小說、電影和電視劇中的「上帝視角」──你知道發生了甚麼，知道每個人的想法、做了些甚麼，知道事情與事情之間的因果關係，也知道故事的結局有哪些是必然發生的，又有哪些是偶然事件造成的。也就是說當一個人擁有上帝視角，他會知道如果想要改變結局，可以試着去改變哪些時刻。

不過這樣的現實視角在生活中很難獲得。而我們要獲得的現實視角是：盡可能讓自己面對真實的自己和真實的世界，不斷地更新對自己和自己所處的環境的認識，尤其要關注自己和環境之間的關係。甚麼意思呢？譬如，當我們還是個孩子時，我們無法獨自生活，離開大人會沒法吃穿住行，會感覺自己完全無法生存；但當我們成為成年人，工作後有了一些存款，我們會逐漸培養自己獨立生活的技能，這時候我們離開任何人都可以一個人活下去。雖然環境沒有變，但你變了，於是你和環境的關係也變了。如果自己不知該如何觀察和認識自己與環境，可以和不同的朋友多聊聊這個話題，問問在他們眼中的你和你所處的環境是怎樣的，問問他們認為你可以做到甚麼、可以改變甚麼。

我們在感情關係中也是如此，要時不時觀察自己、觀察對方、觀察自己和對方的關係，以此重新認識自己需要甚麼、能做甚麼、能要求甚麼、能改變甚麼。當我們深陷在愛中時，有時候可能會迷失自己，忘記覺知與觀察自我和現實，甚至分不清自己和對方。在任何一段關係中，你都需要做到下面這些事來完成自我關注和自我關懷。

第一件事，保持對自我的意識和認識。去擁有和了解自己的感受與想法，去理解自己的感受和想法，即使它們讓

你覺得不舒服也要深入了解，因為這很可能是個重要的提示。

第二件事，照顧好自己，為自己留下充分的時間睡覺、休息、鍛煉、吃飯和培養興趣。無論何時，你首先是你自己，其次才是其他人的兒女、伴侶或父母。

第三件事，知道自己和對方的相同點與不同點，理解相同與不同背後的原因，不盲目地改變自己或對方。

第四件事，尊重自己的需求和利益。如果你覺得某件事值得去做，那這件事就是值得的，你就可以去嘗試（當然，這件事不應該是有傷害性的）。

第五件事，始終堅持表達的權利，把握改變的機會。如果一件事讓你覺得不快樂甚至生氣，你要說出來，也可以要求改變。最終結果或許是改變發生了，或許是你讓步了，但不管怎樣，你都要表達和爭取，而不是選擇壓抑和委屈自己。

第六件事，始終保持對自我的關懷和同情。告訴自己所有人都會犯錯，犯錯時不要指責自己，而是試着從錯誤中了解自己並獲得學習成長的機會。

不過看到這，你可能依然對自我以及現實視角有點困惑。在接下來的每一節中，我都會繼續試着和你一起認識自我、發現自我和觀察現實。

失戀不可怕！
從崩潰中爬起來的 26 堂課

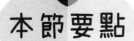

本節要點

在成長過程中，如果周圍人總是忽視我們甚至嫌棄我們，那我們就有可能形成發展性創傷，這是與自我價值感有關的非常隱秘的傷口。

想要應對發展性創傷，第一步應該試着無條件接納自己，第二步應該試着形成現實的視角。

無條件接納的對象不是行為，是感受。現實的視角是指不斷更新對自我和對環境的認識。

在任何一段關係中，你都始終要注意自我關注和自我關懷。

行動指南

1. 試着通過本節的兩個問題檢查自己是否存在發展性創傷。

2. 如果有，試着練習無條件接納自己感受的六個步驟，記住提前準備好情緒詞匯表和感受詞匯表。

3. 試着在你感到無助的地方重新認識你和環境的關係，練習使用現實性視角。你可能需要相信你並鼓勵你的朋友來幫助你完成視角的轉換。

4. 回顧上一段感情關係，試着覺察一下你當時有沒有盡可能地做到自我關注和自我關懷，如果沒有，設想如果回到過去，你會怎麼提醒自己做出改變？

4.2 總是自卑怎麼辦

無論看起來多自信、多完美的人，
都會有自卑或不想面對的不完美。

譬如，我曾見過這樣一位來訪者，她是一位很漂亮的女孩，她說她一直不願意拍照，因為她覺得自己很醜。我覺得有點奇怪，心想難道我現在看到的是整容後的她，她對自己的印象一直停留在整容前？於是我問她覺得自己哪裏醜？她說：「我的鼻子是歪的。我小時候鼻子受過傷，爸媽沒有及時帶我去治療。」聽完這句話，我彷彿看到那個十幾歲的小女孩，受傷後的每一天都觀察自己的鼻子，拿着尺子比量自己的鼻樑是否是歪的，每次看向別人，都小心翼翼地觀察別人有沒有注意她的鼻樑。我當時也認真注視了她的鼻樑，在她的提示下，發現了似乎零點幾毫米的右歪。

再譬如，我有個朋友，年近四十，事業有成，家庭圓滿。別人都很羨慕他，但他自己始終對一件事耿耿於懷。他是位商人，他的父親是一位大學教授，他很崇拜自己的父親，但父親卻總是對他說：「商人的眼裏只有錢，你真讓我失望。」他自己其實也後悔當初因為叛逆沒有努力考一個更好的大學，他一直覺得這件事是他人生中的一個污點，再加上他的父親對他的失望和指責，這個污點變得更大、更刺眼了。即使外界的人都很敬佩他，都在誇讚他，他的內心卻總有一個聲音在說：「你真讓我失望。」

所有人都不完美，因為完美的標準在外界。如果我們總是通過和外界進行比較確定這個標準，那麼幾乎沒有任何人能達到這個標準，因為比較是沒有盡頭的。那麼與不完美有關的自卑和不接納自己的區別是甚麼？

舉個例子：A 很擅長跳舞，小時候他的舞蹈經常得到誇讚。漸漸長大後，他發現無論自己的舞蹈跳得多麼優秀，他總是得不到領舞的位置，後來，他漸漸地意識到這是因為他的長相。

自卑是甚麼？自卑是他也開始覺得自己長得很醜，不願出現在大家面前。即使有些舞蹈動作他做得很好，老師讓他做示範，他也不願意在大家面前展示。

不接納自己是甚麼？是只要看舞蹈的人看不到他的臉，他就願意展現自己的舞蹈，每當他將自己的舞蹈片段上傳到各大網絡平台，網友都會誇讚他的舞蹈，但他從不願回應網友對他長相的好奇。

所以，**自卑是你覺得自己某方面不好，漸漸覺得自己整個人都不好**，這種感覺甚至阻礙了你展現自己優秀的那些方面。不接納自己是你覺得自己某些方面不好，於是你把自己不好的那些方面深深地隱藏了起來，只願意展現自己自信的那些，但你的內心始終受到缺陷帶來的困擾。

其實自卑意味着一個人對自我是敏感且有覺察的，這種特質本身是優勢。使用得好，這種特質可以幫助一個人更好地認識自己、發展自己，這種能力也可以遷移到與外界的社交和溝通上，可以讓你更好地走近他人的內心，去交流、去驅動他人。這也是為甚麼我們總能從傑出的人身上觀察到他們的敏感與覺察。

那敏感和覺察是如何走向自卑的？一些心理學的調查發現，女性的自卑程度顯着高於男性，也就是說即使是同樣優秀的兩個人，女性的自我評價也總是低於男性。為甚麼？因為從小到大，人們接受的教育都是讓女孩們要更多地注意他人對自己的評價，留意自己在他人的眼中是不是

得體——如果他人的評價是固定的甚至含有貶低的，女孩們就可能形成自卑心理。當然，不是說所有男性都不自卑，一些男性也自卑，尤其當他的敏感程度和自我覺察能力也很突出時。

自卑幾乎是敏感和自我覺察必然會帶來的產物——正因為認識自己，才會看到自己身上的不足之處。但原本自卑可以被克服，並不會阻礙一個人展現自己的優秀，這種感覺甚至可以變成激勵自己進步的動力。現代自我心理學之父 Alfred Adler 就寫過一本《超越自卑》，告訴我們如何從自卑走向卓越——是心靈上的卓越，而不是世俗意義上的卓越。

一個人之所以變得全方位地自卑，很大程度是因為小時候那些「他人的眼中」。這些目光和評價既不友好也不溫暖，甚至不客觀地帶着些惡意。沒有一個孩子生來就是完美的，也沒有一個孩子生來就是自卑的。

你知道為甚麼很多心靈上的問題都是小時候留下的嗎？因為小時候的我們對世界、對自己還沒有一個成熟又穩定的理解，我們的理解都來自那些對我們很重要的他人，尤其是那些很重要的大人。當他們的理解有傷害時，我們就會對自己產生有傷害的理解。他們向我們提供吃的、穿的，

決定我們能不能去遠方的遊樂場或是其他想去的地方,我們的一切都要依賴他們。在小時候的我們的心裏,他們又強大又重要,他們是小時候的我們和這個世界的連接點。

當這些重要的他人讓我們覺得「自己不行,不值得展現在世界面前」時,我們即使不懂這是為甚麼,但這種感覺已經深刻地留下了。當我們透過他們的眼看向這個世界時,這種感覺也籠罩了我們的整個世界。長大後,無論我們對世界的觀點怎麼變,只要這種感覺還在,那種害怕和退縮就還在。

克服自卑

想要克服自卑,你需要用好自己的能力,調整這種自卑的感覺。

再重複一次,自卑是甚麼?**自卑不是你真的做不到,是你覺得自己做不到**。換句話說,自卑代表一個人的勝任感很低。勝任感不是說你實際能不能做到,勝任感是你覺得自己能做到。自卑感的反面便是勝任感,很多在自卑的人看來不夠優秀的人卻能勇敢地展現自我,哪怕他們失敗了,還能繼續勇敢地嘗試,是因為這些人很有勝任感,他們覺得自己能勝任。

勝任感這一說法來自美國心理學家 Ryan Richard 和 Deci Edward 提出的**自我決定論**。自我決定論認為，一個人想要或去做一件事，是因為這件事能喚起他的內在動機，也就是三種重要的感覺：**勝任感**、**連接感**和**自主感**。

你已經知道了勝任感，那連接感是甚麼？連接感是你知道你身處的環境中有人在給予你關注，他們會在你想要支持時支持你，或你可以從他們身上爭取到支持。自主感是甚麼？自主感是你覺得你可以決定自己做還是不做，你對自己的生活和行為有掌控。

譬如同樣是體重超標，自卑的人很可能覺得自己是醜的，並且認為自己會越來越胖，永遠不可能減重——也就是缺乏勝任感；認為周圍人只會嘲笑自己，並不會真心關心和幫助自己——也就是缺乏連接感；其實自己體重超標很大程度上是因為父母總是給自己吃得太多，但即使明確告訴父母，自己想要減肥，父母還是會讓自己吃各種食物，自己無法拒絕——也就是缺乏自主感。

自卑的人的三種感覺其實都被破壞了。每個人都有自卑的時刻，但只要連接感還在，知道自己能得到友善的關注，也會得到可以克服阻礙的幫助，就還是會去嘗試。只有陷入無助境地，覺得自己完全無法把控自己的生活時，人們

才會真正放棄嘗試。

所以，如果你想要克服自卑，就需要從這三種感覺入手。那應該怎麼做呢？這個過程需要我們小心翼翼，用對一個孩子的態度對待自己——父母沒有給你的相信和支持，你要自己給自己，做自己的父母，既相信自己又小心翼翼地保護自己。

先試着打破原來的生活節奏，找回自己的自主和勝任感。挑選那些你隱隱覺得自己可以做到的事情默默堅持，每天做一小步。譬如，每天讀 5 頁書、每天早晨起來喝一杯清水、每天背 5 個單詞等。這樣做的好處是甚麼？好處是自主和勝任感會開始積累。很多人會想憑藉一次巨大的反轉性的勝利克服自卑，這件事不是不可能，但需要很多機緣。而這些一小步、一小步的做法是你無論何時何地都可以進行的，完全不依賴你的環境。

而且，自主和勝任感會泛化。甚麼意思？簡單來說，當你堅持住一件事，你會覺得其他事只要你想堅持就也能堅持。當你做成一件了不起的事，你會覺得其他事你也能做成。這種感覺的泛化既是自卑的成因——對某一方面的自卑泛化到了一個人對自己的整體評價，也是自滿的成因——某一方面的驕傲泛化到了自己其實並不擅長的領域。

感覺的泛化是人的本能，自滿的時候我們要用理性克服這個本能，但自卑的時候，我們要利用本能改變自己，並且利用本能也會減少改變的阻力和阻礙。為甚麼要默默堅持？因為這是一個最有掌控感的環境，你不必在意周圍人的眼光和評價，自卑的人對他人的眼光和評價其實會有些畏懼，但我們不必從一開始就去克服這份畏懼，我們需要先建立自主和勝任感。

直到有一天，當你的內心真的覺得自己堅持住了，並且這份堅持讓你感到自豪時，就是去找連接感的時候了。

不要去找那些過往帶給過你傷害的人，哪怕他們是你內心真正在意的人。因為在連接感建立以前，你對外界的安全感依然很脆弱。你要去找那些溫暖的、可能是曾無意間真心誇獎過你、鼓勵過你的人，也可能是你身邊一個讓你羨慕又欣賞的充滿活力的朋友，或是帶領你成長的心理諮詢師，先從安全的人身上獲得溫暖友善的關注和支持。

直到你有信心自己總能獲得關注和支持時，再去靠近那些你又在意又害怕的重要的人。告訴他們你做到了甚麼以及你覺得自己很好。這時候即使他們依然打擊你，你也可以試着堅定地看着他們，告訴他們：「你的看法是錯的，不過你可以堅持你的看法，我也堅持我的看法。」

這三種感覺的建立過程可能會有些漫長，也可能會有些曲折，但是你只要堅持住，就一定會發生改變。這其實是一個重新建立你內心世界的過程，讓你不再依賴他人的理解，而是用自己的眼睛和雙手理解和建造自己的世界。

下一節，我們來談談如何面對自己的不完美，這幾乎是所有人都要面對的議題，還是那句話，**沒有任何一個人是完美的**。

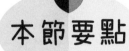

本節要點

自卑意味着一個人擁有敏感和覺察的能力，這本身是一種優勢，我們可以運用這份優勢追求心靈上的卓越。

自卑是一種感覺，這種感覺很可能來自對你很重要的人的眼光和評價。

自卑不意味着你不行，自卑意味着你覺得你不行——這也是勝任感的反面。

想要克服自卑，你需要試着重建自己的勝任感、連接感和自主感。

行動指南

1. 試着找到你最有可能建立自主感和勝任感的行動計劃，然後堅持實行。
2. 觀察在周圍親朋中，有哪些人讓你獲得了連接感？有哪些人其實正在破壞你的連接感？多和前者建立聯繫。

4.3 如何接納不完美的自己

通過上節內容，你已經知道了自卑和不接納自己的區別是甚麼，前者是全方位的退縮，後者是對缺陷部分的遮掩。

遮掩有時候是現實生活中的一種生存策略，為了達成某個目標，我們需要只展現自己的優勢。但是不接納自己缺陷的背後卻還有一種深深的**焦慮**和**羞恥感**，如果你經歷過，你一定懂這種感受。

導致我們不接納自己的缺陷的事件通常發生在小時候，也就是我們對自我對這個世界還沒有形成獨立的、穩定的看法的時候，這有兩個主要的原因。

第一個原因是，每個人的缺陷都是自己的弱點，你可能經歷過別人對你弱點的攻擊。也就是說你身邊的人，爸媽或兄弟姐妹，曾經取笑你這個弱點，譬如你身上的某個疤

痕、不善言辭的內向性格或愛哭的性格等。他們不僅嘲笑你，甚至利用你的弱點滿足自己的利益，譬如利用你的不善言辭，把壞事的責任推到你身上。這種環境會讓人覺得不安全，每一個弱點只要展現出來就是一個活靶，只會招來一次又一次的攻擊。

第二個原因是，我們都希望別人喜歡我們，希望感受到自己是值得被愛的。但我們發現符合標準才會被人喜歡，而這個標準毫無缺陷，是完美的。於是，當我們想要得到愛時，我們就會假裝自己很完美，或至少我們會拼命遮掩那些不完美的地方。

所以為甚麼我們會不接納自己的缺陷？因為我們所處的環境沒有給我們足夠的安全感，哪怕是正常展露我們的缺陷也會帶走愛意甚至招來危險。在這種情況下，我們甚至會更加依賴某些重要的人，希望他們愛我們、喜歡我們。但正因為他們只喜歡完美的我們，所以我們只能越來越假裝自己是完美的，以此去追求和重要的人之間脆弱又虛假的連接感和歸屬感。

可見，**童年真的很關鍵。**

看到這，如果你對童年懷有怨言，我想告訴你的是，知道

童年對自己存在消極影響的目的是改變現在。而且，直面人生的、父母和所處環境的不完美也是我們的人生中需要應對的課業，試着在不完美中依然活出有價值感的人生。

那我們現在該怎麼辦呢？環境很重要。小時候我們沒有辦法自主選擇，我們可能遇到了糟糕的環境。但現在你成長了，不再是那個擔驚受怕、孤立無援的孩子，那些攻擊你的人可能現在已經不在你的身邊了，你有了新的機會重新選擇和建設你的環境，不要放棄這個機會，要有信心。

避免接觸那些利用你又嫌棄你的朋友和戀人，他們有時候是故意去尋找內心脆弱的人，因為內心脆弱的人更有可能屈服於他們，更有可能滿足他們自私的要求。你要找那些溫暖的人做朋友，也要找真心欣賞你的人做戀人，你也值得這樣的朋友和戀人。

關注的事物也很重要。因為小時候的重要經歷使我們把所有的關注都放在自己的缺陷和弱點上。你不接納自己的缺陷，是因為當時的你只有這麼做，才能過得好一些。這其實是一種明智的自我保護的生存策略，在這一點上你要肯定自己。只是現在，我希望你能更進一步，每天多看到自己的一些優點，培養主動尋找自己優點、肯定自己和鼓勵自己的習慣。如果你願意試一試，可以找一本專屬的日記

本，每天寫一個自己的優點，或每天寫一句肯定自己的話
──譬如今天嘗試了甚麼、做到了甚麼等，或如果你一下
子找不到肯定自己的地方，那就鼓勵自己一下──鼓勵自
己明天做出哪些新的嘗試。先試着堅持 100 天，如果中間
有暫停也沒關係，那就堅持寫滿 100 個。

我還想補充一個現實生活中不常見，但有時會在諮詢中碰
到的問題。

有一些人，他們不僅不能接受現實中自我的缺陷，想像中
的缺陷也讓他們備受煎熬，他們常常問的問題是：「我怎
麼可以有這種想法呢？」譬如說，有一位來訪者告訴我，
她在被男友分手後，有時會恨到忍不住希望對方消失，她
甚至想像了對方出車禍的場景，但當她回過神來時，這樣
的想法又讓她陷入恐慌與自責。她不知道自己怎麼會產生
這麼恐怖的想法，是因為她不善良又惡劣嗎？而且，她還
會指責自己：「對方在分手前其實對我很好，我怎麼可以
因為分手就變成了一個如此忘恩負義的人？」

人們為甚麼會有這些看起來不合理甚至不道德的想像？因
為**想像原本就是人的天賦和本能**，想像帶給我們學習和同
理，我們在大腦中通過想像模擬別人的做法，也在大腦中
通過想像他人的境況和他人產生同理。那自己產生這種陰

暗的想像是因為甚麼呢？是想像在情緒的影響下對現實生活做出的補充。也就是說，當我們產生這種陰暗的想像時，其實是在排解自己的情緒。**想像有多陰暗，就代表我們的情緒有多激烈**。大腦只是希望通過想像讓情緒平靜下來，並且正因為我們擁有道德和其他高尚的品質，我們這些想像才只會在大腦中進行，而不是在現實生活中實施。這種想像其實克制了情緒導致的現實衝動。

那甚麼樣的情況下，陰暗的想像會變為實際的不道德行為？當想像與現實越來越近時，也就是說，一個人已經根據現實，在想像中做出了具體的行為計劃時，我們就需要警示這樣的想像，無論是自己的還是別人的，因為這樣的想像證明這個人很可能正在犯罪的邊緣。

說到這，你已經知道了人們之所以不接納不完美的自己，是因為缺乏安全感和歸屬感，也知道了陰暗的想像是對現實生活的情緒排解和行為克制。那為甚麼有些人可以平靜地接受不完美的自己，有些人卻會因為不完美感到焦慮和羞恥呢？除了對愛的安全感和歸屬感，還因為自我和情緒之間的關係。美國心理學家 E. T. Higgins 提出了自我差異理論，他將自我分成：**現實自我**，**理想自我**和**應該自我**。自我差異理論解釋了自我與情緒之間的關係。這甚麼意思呢？

以看書為例：

現實自我是一年看 2 本書。**應該自我**是半年看 2 本書，也就是我們對自己的要求，並且我們認為這個要求是可以實現的。但**理想自我**是一個月甚至 1 周讀 2 本書，對工作很忙的人來說，這雖然不是不可能，但進步的跨度有點大。所以，一般人會把理想視作目標和夢想，而不是當下的要求。

做不到自己應該且可以做到的事情，人們會感到焦慮。做不到自己理想但難度確實很大的事情，人會感到平靜或感到失落。

所以，因為覺得自己有缺陷而感到焦慮的人們，其實是錯把「理想自我」當成了「應該自我」，也就是說，其他人覺得完美和全能是最終極的理想狀態，而焦慮的人們覺得，自己就應該是完美和全能的。

為甚麼有些人會將理想自我視作應該自我？這種錯位的要求既有可能來自你身邊的重要的他人，也有可能來自你自己。譬如，有些父母期望自己的孩子是完美的，這種期望一旦沒有達成，父母就會感到失望。孩子愛父母，自然希望父母不要對自己失望。於是為了得到父母的愛和肯定，

他們便要求自己必須努力達成父母的期望。慢慢地，不管父母的期望如何不合理，都會內化成這個孩子對自己的要求。

人追求愛和肯定的動力超出我們的想像，這種動力甚至會以自我傷害的方式體現。所以如果你需要你傷害自己才能獲得身邊重要的人的愛和肯定，那麼即使你得到了這樣的愛和肯定，你的內心也很難得到真正的滋養。你需要嘗試識別自己對理想自我的要求是不是與他人的期待有關，是不是其實你真正想要的是他人的愛和肯定，卻誤把目標定為滿足他們對完美的期待。如果是這樣，請你先仔細思考他人的期待是不是你真正想要的人生，如果這種人生的確是你真正想要的，那就去把它當作理想追求。如果不是，就**試着找到自己想要的人生**。

然後再思考：除了滿足他們對完美的期待，你還有沒有甚麼別的方式可以得到他們的愛和肯定？如果要以傷害自己為代價，你還想要這份愛和肯定嗎？那在甚麼情況下，這種錯位的要求來自自己呢？當我們錯誤預估了自己的能力與現實之間的差距時。

還是上面看書的例子，哪怕一個人現在一年讀 2 本書，他也有可能覺得其實自己的閱讀速度和理解能力都很好，只

要自己真的去做就一定能達成一星期 2 本的閱讀目標。但實際上，他的閱讀速度和理解能力都沒有達到這個水平，同時，他的工作和生活也決定了他並沒有足夠的時間來完成這個目標。也就是說，能力和現實都無法達成理想中的情況。

所以，對我們來講，**客觀評估自己的能力**和**客觀評估現實情況**都很重要，因為只有這樣才能制定一個合理的現實目標。如果覺得自己很難客觀地制定目標，也可以尋求身邊了解自己的人幫助你制定目標，或可以定一個分為十個等級、難度不斷遞增的目標，先從最容易的目標做起。最容易的那個目標也做不到的話，就再從最容易的目標往下定十個等級，繼續從最容易的那個做起，直到達成目標再逐級往上提升難度。

人生的缺憾

每個人都有缺陷，相應地，每段人生也都有缺憾。如果你還小，「缺憾」這個話題可能會顯得有點遙遠和陌生，因為你的人生還有無限的希望和可能性。但其實每個人的一生，無論他是怎樣的，無論他有多努力，都一定有缺憾。因為我們在做選擇時，往往更多會注意這個選擇能獲得甚麼，但實際上，每一個選擇背後都是放棄了其他無數

選擇。所以，**選擇即放棄**，**得到即失去**。你做出的每一個
選擇在讓你得到某些東西的同時，也在讓你正在失去某些
東西。

人生的某個時刻，你會留意到過往的選擇背後的那些放棄
和失去，都是每個人終將面對的缺憾。

如果你能始終直面每一個選擇背後的放棄，能直面得到背
後的失去，就能直面人生的缺憾。這樣的直面需要很多勇
氣和智慧，你既要勇敢地面對諸多選擇本身，也要充滿智
慧地看到這些選擇的收穫和代價，然後從中做出你最想要
的選擇。

其實很多人怕的並不是失去，而是怕這些失去不值得。所
以，我們需要在每一次進行選擇時問自己，我現在努力
爭取的一切，相比於即將失去的東西，是不是值得？如
果爭取失敗，還值不值得？如果兩個問題的回答都是「值
得」，你就不留遺憾地去做。如果想不明白，就重新做
選擇。

過去的你已經做出了很多選擇，分手也是一個選擇。這些
選擇讓你「得到」，也讓你「失去」，這些「得到」可能
你最初就有意爭取，但那些「失去」也可能事與願違。

過往的所有選擇構成了現在的你，而你現在所有的選擇也會構成未來的你，所以，希望本節內容能讓你明白，你越早直面選擇背後的放棄，越勇敢又智慧地做出選擇，你就越能平靜地接受人生本來就會有的缺憾，擁有讓你覺得更值得的人生。

當我們想要得到關注和喜歡時，我們便有可能拼命遮掩自己的缺陷，假裝自己很完美；而當環境是安全的，不完美便也能自然地展現。

童年無法改變，但我們可以改變自己現在的環境和關注點，嘗試自我鼓勵和自我肯定。

想像是大腦對現實生活做出的補充，陰暗的想像有時是在排解壓抑的、激烈的情緒。

如果我們錯把理想自我當作應該自我，我們便可能始終對自我懷有焦慮的感覺。

留意每一個選擇背後的得與失，會幫助我們更從容地應對人生本身的不完美。

行動指南

1. 覺察自己對完美自我的期待來自哪裏？是環境還是重要的他人，或是自己？
2. 準備一本專屬的日記本，每天記錄 1 個自己的優點或對今天的自我的肯定，也可以是一句鼓勵自己的話（強烈建議用紙質的本子手寫）。即使間斷也沒關係，堅持記錄 100 條。
3. 留意自己最近的想像，覺察你的想像反映了你的哪些情緒和需求？
4. 在某一個當下你的具體目標上，寫下現實自我、應該自我和理想自我的具體表現。
5. 覺察自己最近的一個選擇背後的得與失。

建立屬你的 心理支持系統

只要相愛，無論彼此最後是不是走向
了分手，都一定會有傷害。

因為深層的愛表示你完全敞開了自己，你會用堅強的自己
去愛對方、保護對方，但同時你也把自己最柔軟、最脆弱
的一面都展現給對方，向對方交付整個自我並與對方緊密
相連。於是，愛的互動中的每一根線都在牽扯和觸動你的
這些柔軟和脆弱。

完美的愛存在嗎？如果說完美的愛是指毫無傷害的愛，那
完美的愛並不存在。兩個陌生的、獨立的個體從相識到相
愛，之後的每一分每一秒對彼此來說都是全新的時刻。全
新的時刻意味着甚麼？意味着挑戰。挑戰就好比一次新的
旅途，意外和不順利都是意料之中的事。完美的愛不在於
沒有傷害，而在於傷害發生以後我們能以健康的方式應

對，在傷害中彼此關懷和成長，最終擁有真正的親密和幸福。其實分手也可以以一種應對方式，**分手意味着重新選擇和再次出發**。

只要你依然會去愛他人，就依然可能受到傷害，所以你需要擁有一個有彈性的自我，也就是心理彈性。甚麼是心理彈性？簡單來說就是 8 個字：**始終成長，不懼傷害**。

始終成長意味着甚麼？意味着你對自我的覺察和認識越來越深刻、越來越清晰，同時，你的自我變得更加強大，帶領你走向你的人生目標。

不懼傷害意味着甚麼？意味着當你遭遇外部打擊或自我懷疑時，你依然有信念和方法去應對這些打擊和懷疑。你相信自己的力量，也相信你能從外部尋求支持和幫助。對內的不懼傷害意味着你有比較強的信念，對外的不懼傷害意味着當你受傷時，你知道去哪裏、向誰、尋求甚麼樣的幫助。

為甚麼要同時擁有這兩種能力呢？生活中我們會遇到這樣一些人，他們始終在向陽成長，在光明的人生中很努力、也付出了很多。當人生順利、周圍人都善良又體貼時，這樣的生活和成長確實很美好。但是，當挫折突如其來，甚

至是天災人禍突然發生時，他們對自我、對人性的認識很可能會支離破碎，並在這之後走向另一個極端，從積極樂觀猛然轉變為消極悲觀，甚至怨恨和封閉。

有的人幸福是因為運氣，有的人幸福是因為實力。擁有能創造幸福的實力，才會真正地擁有長久和安全的幸福。所以，始終成長是重要的，就好比植物在光合作用下的生長。不懼傷害也是重要的，甚至更為重要，就好比面對環境驟變，例如事業上的挫折和戀人的背叛，又或其他暴風驟雨時，我們既要能存活下來，還能在這個過程中將打擊變為養料，獲得更多的成長。

建立心理支援系統

那麼，怎麼建立屬你的心理支系統呢？這個問題的答案和每個人的目標有關。面對不同的目標，我們需要組成不同的系統，這也是心理諮詢師在心理諮詢中一直在努力做到的事。當明確現狀和目標後，諮詢師協助每一位來訪者建設屬他自己的心理支援系統，並且協助來訪者練習如何靈活地運用這個系統。

靈活是指甚麼呢？靈活是指你能根據自己的目標，從這個系統中找到最合適的對象，這個對象可能來自外部、也可

能是你自己，然後調動自己的不同技能和不同特質，譬如溝通的技能和樂觀的特質，向他人或自己尋求支持和幫助。譬如，既能在工作中克制住情緒做出理性決策，又能對愛人袒露自我和愛人交流情感；或既能在自己需要幫助時，向周圍環境和朋友主動開口爭取最合適的幫助，也能在遇到外部各種各樣的要求時，勇敢地承擔或拒絕。

任何靈活運用是否有效、是否適合自己，都取決於目標。那麼對你來說，目標是甚麼？雖然我不知道此刻的你的目標是甚麼，但是從心理學的角度來說，每個人活着的目標都具有這三個元素：**生存**、**繁衍**和**意義**。簡單來說，生存就是活着，譬如賺錢滿足自己的衣食住行等；繁衍就是有孩子、養育孩子，建立和壯大家族等，和基因、血緣的傳遞有關；而意義就是讓你感受到自我的獨特和重要性，讓你感覺自己的生活和人生都是有價值的。

繁衍可能不是每個人都會有的目標，但生存和意義這兩個目標基本上每個人都是有的。譬如，吃飯、喝水、睡覺是生存，有儀式地吃飯是意義；工作既可以是生存，也可以是意義；愛既可以是意義也可以是達成繁衍目標的一部分。每個人的目標拆開來看總能找到這三個元素的影子。

而如何建立你的心理支援系統呢？你要關注這個系統中，

哪些部分和功能有助於你達成目標，當目標遭到打擊和挫折時，這個系統是否能讓你完成自我更新去適應新的環境，再次去爭取達成新的目標。

那麼甚麼樣的心理支援系統，既能讓你不斷地接近幸福，也能讓你在遇到傷害後不僅會康復，還會更加強大？你要關注外部和內部這兩個部分，並留意這兩個部分有沒有協助你達成以下這四個目標：

1. **自我認知**：例如你是誰、你有怎樣的特質等。

2. **自我發展**：例如獲得更多的技能、做出更多的嘗試等。

3. **親密關係的認知**：例如甚麼是真正的愛、親密關係的相處是怎樣的等。

4. **親密關係的發展**：例如如何增進親密關係溝通的技能、家庭運作的技能等。

在自我脆弱的時期，也就是內部相對混亂和低迷的時期，外部就顯得尤為重要。除了你自己，剩下的都可以歸到外部，譬如你的父母、朋友和同事等，你的學校、公司、家鄉等，你的信息來源，例如書籍、社交媒體、講座等。如

果你此刻正在關係破裂的糾纏期,那對方也是外部的一部分。你要找到你的外部由有哪些構成,以及其中哪些部分對你的影響更大,積極影響和消極影響分別是怎樣的?當你在親密關係中遭遇困難和挫折時,能從哪些部分獲得提示和幫助?具體來說,譬如哪些部分可以幫助你認識和管理自己的情緒,幫助你獲得應對吵架和衝突的溝通技能,幫助你在自我懷疑和自我否定時保持信心等。

如果此刻你正處於親密關係的破裂期,試着看看你周圍有哪些渠道或關係,從中挑選 5 個影響相對比較大的,然後看看他們對這個階段的你的影響是積極的還是消極的?試着完成表 4-1:

表 4-1　外部影響表(親密關係層面)

你的外部因素	對自我認知的影響	對自我發展的影響	對親密關係認知的影響	對親密關係發展的影響
1.	積極／消極	積極／消極	積極／消極	積極／消極
2.	積極／消極	積極／消極	積極／消極	積極／消極
3.	積極／消極	積極／消極	積極／消極	積極／消極
4.	積極／消極	積極／消極	積極／消極	積極／消極
5.	積極／消極	積極／消極	積極／消極	積極／消極

然後同樣還是這些外部因素,跳出親密關係的目標,從更大的生命的目標填寫表 4-2。

表 4-2　外部影響表（生命層面）

你的外部因素	生存目標	繁衍目標	意義目標
1.	積極 / 消極	積極 / 消極	積極 / 消極
2.	積極 / 消極	積極 / 消極	積極 / 消極
3.	積極 / 消極	積極 / 消極	積極 / 消極
4.	積極 / 消極	積極 / 消極	積極 / 消極
5.	積極 / 消極	積極 / 消極	積極 / 消極

注：繁衍目標如果沒有可以不填。

積極影響的外部因素愈多，你的外部支援系統就愈強大。你要有意識地增加對你有積極影響的外部因素，在生活風平浪靜的時候就要多積累和發展這樣的外部因素。因為首先，這會讓你的生活和感情更幸福；其次，當你在生活或親密關係方面遇到困難時，他們也都是你可以求助的對象。

為甚麼要在生活風平浪靜時就有意識地積累和發展外部因素呢？這是因為這時候你會更有心力去做這些──無論是與人溝通交流，還是看書學習。更重要的一點是，這個時候你的態度會更開放，會更有可能思考與接納不同的觀點和建議，而對多樣性的開放與接納是持續更新自我的重要基礎。

另外，仔細觀察表格你會發現，絕大部分讓人痛苦掙扎的外部因素都會在不同的目標上有不同的影響，譬如，父母有助於你的生存和意義的目標的達成，讓你有衣食住行，讓你有愛和歸屬感，這是積極影響，但與此同時，他們可能對你的親密關係的某個目標有消極影響。這種情況屬最難決斷和行動的類型。

從這個角度來說，甚麼是獨立和自由？獨立和自由是指，**盡可能讓自己可以依賴更少的對象達成生存目標**，例如我們可以完全靠自己。只有這樣，你才有可能在達成其他目標時更具有自由和選擇權。當某些外部因素對你的自我認知、對你的生命意義等有消極影響時，你可以選擇隔離或遠離這些有消極影響的外部因素。同時，你還可以主動尋求和建設更多有積極影響的外部因素。

現在我們來看內部因素。簡單來說，內部因素就是你——是由你的身體和心理組成的你，但複雜來說，內部因素很難既個性化又精細地拆分，每個人的內在自我都是獨一無二的。所以我會試着從諮詢經驗和觀察經驗的角度為你總結一些特別重要的內部因素。

具體講述這些因素前，我希望你始終從健康的角度去關注自己的身體和大腦，這也是本書多次努力提醒你的事：**保**

持生理的健康是心理強大的重要基礎。因為身心是一體的，身體的健康，尤其是大腦的健康很大程度上有助於心理的健康和強大。

現在我們來看內部因素，哪些內部因素是重要的心理支援系統呢？**情緒管理、壓力管理、精力管理**和**心智管理**。為甚麼是這四個因素而不是例如溝通技能、時間管理這樣的因素呢？因為無論是生活和親密關係的哪些方面，失控或出錯通常都是因為情緒失控、壓力失控、精力不濟或思緒過亂。

有時候，即使一個人的溝通技能和時間管理能力都不錯，也可能會錯誤地應對上述問題導致的失控。所以，對我們每個人來說，情緒管理、壓力管理、精力管理和心智管理這四個因素幾乎是最重要也最核心的內部因素。其中，心智管理會在下一節中詳細講解，現在我們主要來看情緒管理、壓力管理和精力管理。

試着完成表 4-3，其中**對自我認知的影響**和**對親密關係認知的影響**是指：這三個因素有沒有幫助你始終保持覺察、學習和改變；而**對自我發展的影響**和**對親密關係發展的影響**是指：這三個因素有沒有幫助你應對各種變化和衝突。

表 4-3　內部影響表（親密關係層面）

你的內部因素	對自我認知的影響	對自我發展的影響	對親密關係認知的影響	對親密關係發展的影響
1. 情緒管理	積極 / 消極	積極 / 消極	積極 / 消極	積極 / 消極
2. 壓力管理	積極 / 消極	積極 / 消極	積極 / 消極	積極 / 消極
3. 精力管理	積極 / 消極	積極 / 消極	積極 / 消極	積極 / 消極

如果消極影響比較多，你需要留意學習特定的部分。

關於這三個因素的管理，我相信無論是你自己總結的經驗還是來自外部因素的建議，都已經有不少了，所以在這裏我想和你分享一下我觀察到的、比較容易被忽視的地方。

首先看**情緒管理**，情緒管理的重點是甚麼？回答這個問題前，我們需要先了解一個更本質的問題，人為甚麼會有情緒？每個人的情緒產生都和需求與預期有關，如果需求與預期被滿足了，那麼情緒大多是積極的；如果需求和預期沒有被滿足，那麼就會有消極的情緒產生。

通過前文，你已經知道了自我接納就是接納自己所有的感受和情緒，並從中觀察自我、關懷自我。情緒管理的重點是預期管理，這經常被很多人忽視。舉個例子，當我們在感情關係中因為對方的冷淡而難過時，我們之所以難過，

是因為對方的冷淡的態度不符合我們對他或對愛情的預期。再譬如，當對方因為你沒有送禮物而生氣時，對方之所以生氣是因為他的預期是你會送他禮物。所以，一個解讀情緒的角度就是分析自己和對方的預期。

另外，有一個情況需要我們特別注意，那就是他的預期本來就不合理，譬如要求戀人時時刻刻回覆自己、父母與自己平等溝通等，這時候情緒變得糟糕也是必然的，而這時候情緒管理的重點就是重新調整預期。這裏的不合理不是指這個願望不合理，希望戀人能時刻回覆自己、希望能與父母平等溝通，這些都是每個人都會有的美好願望；不合理是指根據現實，這個預期幾乎不可能達成，但你還是有這個預期，也就是你對現實的預期不合理。很多時候，**一個人情緒平穩，是因為他的預期時常和現實相匹配。**

其次我們來看**壓力管理**。你可能已經知道運動和充足的睡眠有助於壓力管理（也有助於情緒管理和精力管理）。現在我想請你先想一想，本質上我們會因為甚麼感受到壓力？甚麼樣的情況下我們會感受到壓力？譬如：

每次和爸媽見面都會吵架，坐在一起就會覺得很有壓力，現在每次想到回家就覺得有壓力。

想到自己單身就覺得很有壓力，想到自己年紀漸長、周圍越來越多的朋友開始結婚生子就更有壓力了。

想到馬上要開始一個新項目，人手也不夠，資源也不夠，項目有很多不確定性就很有壓力。

生病了，病越來越重，感覺壓力越來越大。

失業了，存款越來越少，感覺壓力越來越大。

這些情況的共通點是甚麼？共通點是，這些情況中都存在威脅，這個威脅可能會對一個人的生存產生消極影響，這包括生理上的生存，以及精神上的生存，也就是一個人的感受和對自我的認知。當兩種生存都受情況影響時，壓力會更大。

所以我想和你分享的壓力管理的重點是甚麼？重點是讓自己面對這個威脅，試圖找出這個威脅是甚麼？這個威脅在多大程度上是真實且不可改變的；又在多大程度上這個威脅是被想像出來的？以及從真實情況來說，它究竟會威脅一些甚麼？通過甚麼樣的行動，你可以減少這個威脅對自己的影響？

譬如上述的第一個情況，與父母相處的威脅可能是影響自己的情緒，同時破壞自己對孝順的自我要求和對家庭和睦的期待。某種程度來說這個威脅不受控，因為父母的做法很難發生改變，但是這個威脅有一部分是因為自己只能經受這種情況，並且對此毫無辦法而自責和無奈時想像出來的。而自己在這部分上實際上是可以改變的。當我們調整預期、調整對自我的要求和限制，這件事對精神自我的威脅就會減少，於是我們的壓力也會減小。

也就是說，應對壓力的重點是，**找到這個威脅，然後分辨其中的現實和想像，接着做出調整和應對。**

最後我們來看**精力管理**。生活中比較常見的可能是時間管理，或對拖延行為的管理。我一度也熱衷於探究和實踐這兩者。但是隨着自己越來越忙，事情的豐富性和複雜性越來越高，我意識到，決定我能否高效地完成某件事情的關鍵不在於我有沒有預留時間並及時行動，而在於我是不是在一個正確的時間投入了一個正確的自己。

而這個正確的時間和正確的自己是指甚麼呢？是指這件事情所需的精力和那個時點你所擁有的精力是否匹配。也就是說，如果這件事需要 60 分的精力，而當時的你只有 40 分的精力，那做起來確實會感到有阻礙，也會沒效率。所

以平時你要觀察自己的精力值是多少，評估一件事需要耗費的精力，然後在合適的時間投入這件事中。

換個更通俗的詞，精力值就是活力，你要試着找到一些適合你的、可以提升你的活力和方法，無論是品嘗美食、培養興趣愛好、與特定的朋友見面或是其他，然後在自己精力值低時通過這些方法提升自己的精力。也要找到那些經常會損耗你的精力的人和事。在你要完成重要事情時，盡可能與這些損耗性的人和事保持距離，並且通過長久的努力，盡可能降低這些人和事對自身精力的損耗。

在生活中，如果你能一直保持 100 分的精力，再掌握一些合適的時間管理的技能，你的生活一定會更加充實而高效。建立心理支援系統應該是貫徹我們一生的重要功課，這決定了我們獲取幸福的實力，也決定了我們在挫折和困境中能不能浴火重生。

下一節，我們繼續看心智管理。

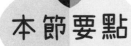

本節要點

　　我們需要建設彈性自我，擁有心理彈性，簡單來說就是「始終成長，不懼傷害」，這決定了我們能否始終擁有幸福的實力。

　　我們在整個人生中，都要不斷建設自己的心理支援系統。

行動指南

1. 查看自己當下的系統，並制訂進一步優化建設心理支持系統的計劃。

2. 不定期重新檢視自己的心理支持系統，並且制訂下一步的建設計劃，譬如在人生發生變化後。

不要總在模仿自己，做自由的自己

模仿自己和做自己是兩回事。

模仿自己是始終延續以前的習慣，譬如固執就是一種模仿自己的表現。做自己是始終追求自己認可的價值，是自由和主動的人生，也就是消除限制，追求真我。

根據我在生活和諮詢中的經驗，模仿自己的人們常說的話是：

「這樣就不是我了。」

「我一直就是這樣的。」

這些話有時候是在表示對自我的堅持，但如果明明眼前就是他一直朝思暮想的機會，只需要他做出一點行動上的改變。譬如原本不喜歡自誇，現在需要自誇，或原本習慣用默默的行動向人表示感謝或道歉，現在需要把話說出口等。但他們就是不願做出調整，就是要堅持自我，那麼這個自我只是過去的那個自我。

模仿常常是一種限制，它包含了很多規則和自動反應。甚麼是規則呢？

我應該每星期陪伴侶吃飯、逛街，他的每條消息我都要盡快回覆。

我要每星期去三次健身房，不然我的身材會不好。

我不得不考慮爸媽的想法，如果我繼續單身他們會不開心。

……

當你帶着規則生活，你會覺得有束縛、有壓力，即使是你主動選擇了這些規則，你也會感覺它們是一種負擔。好的方式是甚麼？**是做自己，做自由的自己，始終追求自己認可的價值。**

價值和規則的區別是甚麼？

規則：我應該每星期陪伴侶吃飯、逛街，他的每條消息我都要盡快回覆。
價值：我想要考慮伴侶的需求，我希望我能帶給他安全和快樂。

規則：我要每星期去三次健身房，不然我的身材會不好。
價值：我想要保持健康和身材，健康和身材與我的幸福感密切相關。

規則：我不得不考慮爸媽的想法，如果我繼續單身他們會不開心。
價值：爸媽開心是我非常在乎的事，這是我作為子女想要經營的親子關係。

也就是說，價值是去了解你真正想要的是甚麼，甚麼對你來說是重要的、有意義的。價值常常包含：想要、重視、在乎、渴望、選擇等，而規則常常包含：應該、必須、不得不、錯、對、好、壞等。

通過上面的例子你能發現，規則是單一的，但規則背後的價值卻是開放的，也就是說**同一個價值可以有無數種追求**

的方式。譬如保持健康和身材，除了去健身房，還可以通過健康飲食、充足的睡眠、去公園跑步、和朋友一起打羽毛球或在家做家務等方式達成。每個規則背後都有你追求的一種價值，而每個價值背後還可以有無數個規則。

不過看到這裏，你可能會敏銳地發現，這個從規則到價值，再到規則的轉化用在自己身上時很好用，但是一旦事情和別人相關時，可能就會遭受阻礙和挫折，尤其是在溝通受限時。譬如，同樣是考慮伴侶和爸媽的需求，同樣是希望他們快樂又滿足，但他們對你的期待和你想做的並不一致。這時候怎麼辦？試着和伴侶、和爸媽釐清他們的規則背後的價值，讓他們看到彼此可以採用不同方式滿足同一價值，這也許需要比較長的時間和反復的溝通，但是如果能溝通清楚彼此追求的價值，對雙方的人生都是一種飛躍性的改變，彼此的關係也會更輕鬆。

反過來，如果你因為自己追求的價值，給爸媽和伴侶制定了很多規則和限制，那你現在可以試着釐清那些規則和限制背後的價值，這會為你之後的親密關係帶來改變。當我們觀察爸媽和其他親近的人們做的各種事、說的各種話時，也可以試着發現他們一直在堅持的規則背後的價值，哪些價值裏其實藏着對你的關心和愛。

很多親密關係中的衝突都是規則間的衝突，真正談到價值時，才會發現我們與對方的價值可能是相似的，我們必須主動區分規則和價值。

關於自動反應

上文提到模仿包含了很多規則和自動反應。聊完了規則，我們現在來看自動反應。自動反應包括**情緒**、**認知**和**行為**上的自動反應。舉個例子，在親密關係中經常出現如下場景：

情緒：每當伴侶開始囉唆，不管他說的內容是甚麼，我都會覺得厭煩。

認知：每次伴侶不洗碗時，我都覺得他就是懶，就是在逃避家務。

行為：每次伴侶開始和我吵架時，我都會走開讓他一個人靜一靜，或趕緊結束這個話題。

所以自動反應是甚麼？是只要相似的場景出現，不管這個場景有沒有特殊的地方，他都會按過去的習慣處理。換句話說，對伴侶的自動反應意味着，其實我並沒有把你作為

一個獨特的、有豐富想法的人看待，我只看到了你做的
事，就對你做出了武斷的評價，我的感受和反應都沒有面
對真實的你，也沒有面對我們之間真正重要的目標和價值
——兩個人的親密和幸福。這樣的自動反應不僅會限制我
們對生活的改變，也會傷害伴侶間的親密關係。

怎麼辦呢？通常這需要我們用目標和價值重新建立自己的
反應。除此之外，我還有一個能幫助你全方位觀察自己自
動反應的方法——對心靈模型的學習和使用。

心靈模型

心靈模型是甚麼？（下面這部分會有點難，你也可以跳過
直接看結論）

心理學家 Keith E.Stanovich 基於人類心靈模型提出了雙
重歷程理論（dual-process），他用這個理論描述人類大
腦工作的兩種不同加工機制：**類型一加工和類型二加工。**
當我們自動反應時，大腦其實就是在做類型一加工，然後
我們根據類型一加工的結果做出了反應。

類型一加工是大腦的自主反應，也就是自動加工。簡單來
說，大腦根據以往經驗預設了很多條路，只要預設的線索

出現，大腦就會自動指引我們的思想走這條路，這便是自動加工。在這個過程中，我們調用的認知資源非常少，缺少理性思考，是一個情緒化的反應。而且同樣的線索會激活很多過往的經驗，所以大腦採用類型一加工時，我們的腦海中會出現很多聯想和故事，但都是大腦想像出來的故事。也就是說，大腦不是**觀察**當下的現實，而是**想像**當下的事實。以為想像的事實和現在見到的一部分事實就是事情的全貌，並任由這種錯覺引導我們做出錯誤的選擇。

這就是為甚麼自動反應往往是根據過往的經驗和想像做出的反應，而不是根據現實。類型一加工有以下特徵：

1. 執行迅速。只要你不是有意識地管理這個加工過程，你就會快速做出反應。

2. 只要觸發性刺激出現，就會強制性執行。只要類似的線索出現，你就會自動進入某種情緒和想像。

3. 不會加重中樞處理能力，不需要有意識的注意。

4. 不依賴高層次控制系統的信息輸入，不會主動收集更多信息。

怎麼消除類型一加工帶來的自動反應呢？這需要我們有意識地運用類型二加工。

類型二加工的特點和類型一截然相反，它加工信息線索的速度比較慢，會運用觀察獲取信息，會理性思考，這也是人有意識地聚焦的一個反應過程，也就是說你知道自己在觀察甚麼、在找甚麼、現在的反應又是因為甚麼。

對我們來說，類型一加工由於是自動反應，所以可以多任務同時進行。但類型二加工在同一時間只能處理一個或少量幾個任務。這個加工過程基於語言和邏輯規則，心理學家稱之為控制加工。當我們說到「有意識地解決問題」時，指的就是類型二加工。在類型二加工的過程中，我們會思考更多，更側重理性的邏輯分析。在生活中，很多類型一加工無法完成的事都會分給類型二加工。類型二加工的一個重要功能是壓制類型一加工，因為類型一加工常常導致非理性行為反應。

但是，由於人類的大腦每天要處理太多信息，所以類型二加工有時候會偷懶，直接採納類型一加工的判斷結果。而在這個過程中類型二加工會做些甚麼呢？它會為自己的偷懶找理由和藉口——人們有時會成為認知吝嗇鬼，以犧牲準確率為代價做出簡單直接的評估和判斷。譬如，用「我

和他認識很多年了」代替「具體觀察這個人的信用判斷一個人是否可靠，用「貴」代替「實際考察質量本身」判斷一個商品是不是足夠好，用「花了多少時間」代替「取得多少成果」判斷自己是不是在進步。所以我們也不能完全依賴類型二加工。

那怎麼辦呢？我們要用心靈模型。基於類型一加工和類型二加工，Keith E.Stanovich 又提出了人類心智的「三重心靈模型」。

自主心智就是類型一加工，我們是怎麼擁有自主心智的呢？一個是人類的進化過程，也就是說全人類都會有類似的反應，另一個是過往經驗的積累和內化學習。譬如對蛇、蜘蛛和猛獸的恐懼，不同民族、不同文化的男性女性對擇偶的相似偏好，一個球飛來時我們會迅速躲避，這些是通過進化習得的。自主心智還包括情感反應、學習習得的自動反應和條件反射等。譬如，我們一旦學會游泳、學會騎單車，就終生難忘，變成本能一般的技能，這就是後天習得的自動反應。

算法心智是表層的類型二加工。它與類型一加工的最大區別是它需要思考和加工信息，需要調用我們的記憶系統去收集儲存和加工現有的信息。Keith E.Stanovich 將傳統

智力定義為算法心智。算法心智就是傳統意義上智商測試時考察的能力，譬如記憶、處理速度、邏輯推理等。譬如，一位女性沿着海邊的懸崖散步，她試圖爬上一塊巨石，然而她爬的並不是石頭，而是一道深淵的邊緣，結果她不小心從巨石上跌落而死；一個男孩反復嘗試背誦一篇文言文，但就是無法記住，考試時也沒有默寫成功。這些結果都是因為算法心智出了問題，因為收集的信息不正確，或儲存信息和思考邏輯出了問題。

反省心智是關注自己的目標，並基於與目標相關的信念和各種信息做出最好的行動。只有在反省心智層面進行分析時，理性才真正參與其中。更重要的是，算法心智的效率可以被量化評估，而反省心智的效率也就是理性的效率卻無法被評估和測量。通常意義上的聰明人只是算法心智很厲害，但真正的理性在反省心智方面也很厲害，現在並沒有有效的方法和程序來確保反省心智的有效啟用。

看到這，你可能已經模糊地意識到，本節所說的自動反應其實與自主心智和算法心智有關，而價值追求的其實就是我們的反省心智。當在生活中進行行動決策時，你如果想要做自由的自己，不僅要關注每一個心智，更要在意你的反省心智。舉兩個實用的例子：

第一個例子和**親密關係中的出軌**有關。

自主心智（好比本能和本我）：我想要出軌，我感受到了一種衝動和激情。

算法心智（好比部分的理性和自我）：你喜歡出軌的自己嗎？

反省心智（好比追求價值的自由的我）：你欣賞、喜歡並且想要出軌的自己嗎？

當算法心智和反省心智的答案出現「不」時，這個行動決策就需要重新被考慮。

第二個例子和**日常生活中的社交**有關。

自主心智（好比本能和本我）：我想要大家都喜歡我，我要討好每一個人。

算法心智（好比部分的理性和自我）：你喜歡討好別人的自己嗎？

反省心智（好比追求價值的自由的我）：你欣賞追求所有人都喜歡自己的想法和做法嗎？

當算法心智和反省心智的答案出現「不」時，這個行動決策就要被重新考慮。

絕大部分人在生活中都會被自主心智與算法心智影響，反省心智反而一直被我們忽略。反省心智不是只有「反省」，而是再次思考規則和價值。在本節的前半部分，我們一直在學習如何從規則導向的生活轉變為價值導向的生活。而後半部分，我一直在告訴你如何系統性地思考自己的規則和價值，尤其是如何選擇你內心真正想要追求的價值生活。你可以用心智模型思考和調整每一個你不確定的決策和行動。

所以，怎麼從模仿自己變為自由地做自己呢？除了找到限制自己的規則和自動反應之外，還可以通過重新發現自己一直在追求的價值設定目標和計劃，下面是做到價值人生的 4 個步驟：

第 1 步：找到你想要追求的價值，例如在工作、生活和親密關係中，你分別想要追求的價值。譬如，在工作領域，我希望自己很傑出，可以成為行業的表率並帶來貢獻。在生活領域，我想過重視健康、充實和有意義的生活；在親密關係中，我希望自己獲得支持和愛。你可以從正在進行中的領域開始思考，例如即將完成的某項工作、和前任要做的某次溝通等，問自己在這些過程中想得到甚麼、重視甚麼、追求甚麼。

第 2 步：設定一個立刻就能做的小目標。譬如，同樣是追求充實且有意義的生活，問自己當下就可以進行的行動是甚麼？譬如睡前看 5 頁書、和朋友分享一個最近的收穫等。這一步的關鍵是，要立刻在當下的生活中用行動實現自己的價值。這個行動即使很小，也會增強你的信心和價值感。

第 3 步：設立一個中短期目標。譬如，第 2 步中的小目標你計劃堅持多久，或還有哪些計劃是你最近這段時間想要每天或定期堅持的。

第 4 步：設立長期目標。問自己，希望 5 年後的自己是怎樣的，或 10 年後的自己是怎樣的，甚至希望自己臨近死亡時可以怎樣描述自己的一生。根據這些問題的答案，反推時間，建立自己的 5 年計劃或更長期的計劃。當你能以你自己的價值導向度過人生時，你就獲得了真正的自由。

本節要點

很多人常常混淆做自己和模仿自己，前者是自由的、追求價值導向的，後者是限制的、盲從規則的。

親密關係中存在的「自動反應」正在阻礙我們了解真正的彼此，也在阻礙我們獲得親密和幸福。

如果想要追求思想和行為上的自由與自主，要關注心智模型的三個模塊：自主心智、算法心智和反省心智，尤其要關注反省心智。

● 行動指南 ●

1. 覺察自己在生活中追求的價值，以及目前正在遵從的各種規則，然後試着依據自己還在追求的價值重新調整規則。

2. 按照本節內容結尾的 4 個步驟，為自己制訂價值人生計劃，並且去堅持。

第 5 章

重新認識
親密關係

再次出發

5.1 超越原生家庭

很多人都會有這樣一個問題：明明內心很討厭父母的一些行為，自己長大後卻變成了和他們擁有相同行為的人。

討厭父母的指責和爭吵，自己卻也變成了一個會不自覺出口傷人的人；討厭父母的冷漠，自己卻也從來不開口說愛、不開口表達感謝，明明內心很溫暖、情感很豐富，卻看起來像個冷冰冰甚至不懂感恩的人，為此受了很多委屈，錯過很多真心的朋友和戀人。

許多現象都在表明，很多時候長大了的孩子會變成和父母一樣的成年人，擁有和父母相似的愛情或婚姻。我們對親密關係的期待很大程度上源於我們小時候對愛情的印象與感受。成年後，我們會被那些與我們小時候所愛的人相似的人吸引，所以你可能會選擇與父母相似的人。但如果童年經歷不愉快，就會選擇與父母性格相反的人，因為當伴

侶表現得與你父母有相似之處時，你就會感到不安。

為甚麼在伴侶身上相反和相似總是相伴而生呢？因為不管你如何提醒自己不要像父母，由於你的注意力牢牢地鎖定在父母的愛情和相處之道上，即使你希望關注伴侶與父母相反的地方，在這過程中，只要你在伴侶身上感受到與父母相似的地方，你的潛意識就會產生熟悉感，這會進一步增加吸引力。於是，你最後選擇的伴侶和父母總是既有不同、也有相似。而且有時候我們會無意識地尋找和父母相似的人，因為我們想在他們身上尋求認可，雖然**我們真正想要的是來自父母的認可**。

那為甚麼我們與伴侶的相處的行為模式會和父母既相似又相反呢？因為人類存在模仿的本能。正是模仿的本能讓我們快速學到了很多技能，讓我們獲得他人的喜愛，也讓我們成為群體中一員——因為群體有一個重要特徵便是共同遵守並實踐同一套行為規則。所以，只要你的注意力在父母的行為上，那麼即使你在意識層面告訴自己要改變某些地方，但你在潛意識裏還是在模仿他們的很多行為。這一方面是因為你對這些行為過於熟悉，另一方面是因為這些行為給你帶來了歸屬感。

成年後，這種模仿尤其會在情緒失控的情境下發生，因為

這時你就會憑潛意識行動。而且，由於我們沒見過更多的模仿版本，所以即使有意識地修正了父母的行為，我們的很多行為方式也依然不會改變得太徹底。

所以，你如果想要擺脫原生家庭的影響，追求真正想要的自己和愛情，就要把注意力轉向更多類型的生活方式和相處之道，在更大的範圍內觀察、學習和選擇它們。我想先帶着你探索一下，你在親密關係中有哪些與原生家庭相似的特質和行為，下面是最主要的「尋找相似性」的六類問題。在這些問題之後會有練習，你可以試着從這六類問題出發，完成之後的練習：

第一類：我的家人怎樣面對壓力？我自己也是這樣做的嗎？

第二類：我的父母在相處上，給我做別人的老公、男朋友或老婆、女朋友留下甚麼榜樣？

第三類：我在原生家庭中扮演甚麼角色？我是習慣做決定的人，還是習慣聽別人的帶領的人？這對我的親密關係有甚麼影響？我與戀人的角色是否有彈性，是否能因環境的需要而調節？

第四類：我的家人怎樣看待現實？態度是悲觀還是樂觀的？我的家庭中有沒有一些我十分認同的價值取向？這與我的戀人的價值觀是否存在衝突？

第五類： 我有哪些行為和想法刻意與原生家庭相反？這樣
　　　　　做是想擺脫父母的某些負面影響嗎？我有沒有留
　　　　　意到這些行為有時會矯枉過正呢？

第六類： 在我的原生家庭中，我和誰的關係更親密？這對
　　　　　我的親密關係有甚麼影響？親密關係遇到不快
　　　　　時，我是否會與其他家庭成員結盟？

現在我們來做一個「修正模仿」的練習，試着修正自己無
意識的模仿。

拿出一張紙，分三欄。

在中間一欄，把帶有相似特質和帶有模仿痕跡的行為一一
寫下來，你可以慢慢回憶，慢慢寫。問問自己，我討厭父
母身上的哪些特質和行為？然後觀察一下自己，發現哪些
特質和行為其實自己也有，把它們都寫下來。

在第一欄，寫下這些特質和行為通常發生在哪些場景中？
怎樣的場景會觸發它們？這一步是為了教會你識別並且警
惕這些相關的場景。當類似場景再次出現時，你就有可能
第一時間發現，也會有更多的機會在失控前就提醒自己要
注意，避免重複這些特質和行為。

在第三欄，寫下你希望自己可以選擇的更適合你的特質和正確行為，或可以模仿的榜樣，你可以多寫幾個供自己選擇。譬如，如果你從來都不會表達感謝，那麼你在第三欄就可以寫下這樣幾個行為：（1）真誠地向對方微笑。（2）開口向對方說謝謝。（3）事後給對方寫一張表達感謝的卡片等。這樣做的好處是，你可以給自己層層遞進的指導，並且，你在應對這些情況時也可以有所選擇。

這就是你可以自己去嘗試的三個步驟，這張表需要你平時不斷地補充，你既可以完全靠自己來完善，也可以求助別人，然後按照這張表去練習和實踐，這樣改變一定會慢慢地發生。但是，**說到改變，常常會發生的事情是，明明道理都懂，但就是做不到**。

這是因為，第一，抵禦模仿的本能需要長期的練習來形成新的認知和習慣；第二，關於親密關係和自我的一切都是我們最感性的地方，也就是說，很多時候理性在這些地方並不起作用。所以我想結合腦科學，和你聊聊關於改變自己的三個重點。

行為管理的痛和難點永遠都在於我們如何應對情緒失控的時刻，那些時刻往往是生活或工作上的關鍵時刻。這背後

其實有生理上的原因。不少人內心秉持**身心二元論**的觀點，以為解決了認知，就解決了行為。但其實並非如此，身心是一個整體，情緒背後有腦部各個區域和神經的影響，譬如，抑鬱症和血清素之間的關係，多巴胺和快樂與衝動之間的關係等。與情緒失控相關性最大的兩個概念是杏仁核和前額葉，杏仁核過於活躍，人的情緒就會瀕臨失控；前額葉太弱小，人的情緒控制力就會大幅度降低。

那麼，這為改變帶來了甚麼樣的啟發呢？

第一，想改變自我就要做好長期奮戰的準備。情緒反應不可能因為你的思想發生了一些轉變而發生改變，要有耐心，通過不斷地練習讓身心共同發生改變。

第二，如果你經常情緒失控，可以去學習情緒管理，情緒管理是一種可以後天提高的能力。

第三，有些人可以帶着情緒去做正確的行為，所以可以一邊學習情緒管理，一邊按照上一節提供的方法調整自己的行為。要堅持，只要堅持，改變就會發生。

原生家庭對人的影響

這幾年，人們逐漸意識到原生家庭和童年會影響人的一生。產生這樣的意識是好事，這正是在提醒我們關注自我、關注對家庭的建設。但是在這種意識之下，又發展出一種「**原生家庭決定論**」，這個觀點認為幾乎甚麼都是原生家庭的錯。毫無疑問，原生家庭對人有影響，但絕不是決定論認為的幾乎決定一切的影響。

當我們判斷一個觀點是否正確時，很多人會有這樣一種不嚴謹的做法：去找現象中有沒有符合這個觀點的證據。但其實我們更應該找有沒有反例，也就是說，如果你想知道原生家庭決定論是否正確，那你應該去找有沒有人生長在不夠好的原生家庭中，但他並沒有受到太多的干擾。

這樣的反例其實並不少，尤其在那些非獨生子女的家庭中，我們會發現兄弟姐妹幾個人的性格、行為模式、親密關係、工作等都存在比較明顯的差異。

原生家庭決定論真正探討的問題是，一個人為甚麼會成為現在的他？這背後其實存在很多影響因素和可能性。譬如，孩子和父母的基因如此相似，基因會不會也有不小的影響呢？心理學家對同卵雙胞胎做過調查，這是一群被分

開收養的同卵雙胞胎，最後調查結果發現，他們在很多方面存在顯着的相似性，即使他們生長的家庭完全不一樣。

此外，一個人在成長的過程中，除了家庭，還有兩個重要的影響環境。一是我們自己的**精神世界**，二是我們的**社會環境**。豐富自我的精神世界很大程度依靠閱讀，還有欣賞藝術、旅行等生活體驗。小時候，當學會廣泛閱讀、學會通過互聯網接觸外界信息時，我們其實會擁有更多的榜樣和更理解這個世界的方法。也就是說，父母的說法和做法並不會成為我們心中唯一且最主要的行為？本。這也是閱讀習慣很重要的原因，我們應該挑選一些好書，培養自己一邊閱讀一邊獨立思考的能力，使自我更好地發展與成長。

關於社會環境，在我們成長的過程中，與我們密切相關的就是我們同輩的世界，也就是學校。心理學家 Mitch Prinstein 在他的書裏寫道，一個人青春期的受歡迎程度可以高度預測這個人一生的成就和幸福情況。雖然書中也強調歡迎度和其原生家庭也有關係，但我們可以想像，一個人遇到怎樣的老師、怎樣的同學，其實有很大的運氣成分。原生家庭較好的、心靈健康的、性格好的孩子，如果恰好遇到了一群惡劣的同學以及老師，那對他的打擊和影響也是巨大的。反過來也是如此，有很多家庭環境糟糕的

孩子，因為遇到了很好的老師和很好的朋友，他們在黑暗的生活中始終有着有溫度的光亮和指路的燈塔。

一個人會不會在同輩世界中受到歡迎，有些時候還與當時的價值觀有關。譬如，當時的人們是崇尚外表，還是崇尚頭腦，還是崇尚其他等。這樣的價值觀背景並非個體和原生家庭甚至學校能左右，家庭和學校都處在時代和社會環境中，時代和環境對人的影響其實更為無形，也更為深遠。

改變和自由

我們先來談**改變**。很多人想要突破原生家庭的影響改變自己，是因為原本的情況讓自己很痛苦。所以進一步說，逃離那些痛苦是我們改變的動力。這個動機無可厚非，也是絕大多數人想要改變的初始願望。這會帶來一個很大的問題。甚麼問題呢？當我們懷着逃離痛苦的願望尋求改變時，我們內心會以為如果改變發生，我們就會不那麼痛苦了。

這是錯誤的想法。因為所有的改變一定會伴隨成長和突破帶來的陣痛，這種陣痛會是一種全新的甚至令人困惑和焦慮的痛苦。這個全新的痛苦充滿了未知，大部分人類面對

未知時的本能反應是恐慌和遠離。很多人不知道如何應對全新的痛苦，於是又重新退回過去熟悉的痛苦之中。畢竟我們已經習慣了那些熟悉的痛苦。

所以，我希望你在尋求改變時，首先做好充分的心理準備去面對全新的痛苦，其次，用一種更好的動力代替消除痛苦的動力。也就是說，你需要喚醒自己的好奇心，去設想發生改變以後的種種畫面，自己的生活、人際關係、家庭、工作等都會是怎樣全新的畫面？用未來的畫面不斷增強自己的好奇心，看向未來，**將憧憬未來的好奇心作為改變自己的動力。**

現在我們來談**自由**。不管原生家庭決定論是對是錯，我們生於家庭、長於家庭，血親給我們帶來的牽絆一定遠大於其他的人。好的牽絆是支持和動力，壞的牽絆就像沼澤一樣讓人深陷其中難以逃出。

很多受原生家庭影響的成年人都渴望自由，這種自由既包括形式上的自由，譬如生活不再受父母的干擾，也包括精神上的自由，譬如對父母再也沒有怨恨、愧疚感等。這種對自由的渴望是如此強烈，以至於很多人以為自由一定非常美妙。但事實並非如此，我自己在原生家庭中經歷過脫離的陣痛，也帶領和見證過其他人的陣痛。當我們越來越

接近自由時，我們反而會發現自由本身並不那麼美妙。因為自由的基礎是自我負責和自我承擔，這需要巨大的勇氣和努力，還需要很多智慧，所以勇於自我負責與自我承擔的人永遠都占少數。

在原生家庭的影響下，我們遭遇了挫折可以說：「這一切都是因為我的原生家庭不好。」但為了真正的自由，你一定要告訴自己：是的，我身上確實存在原生家庭的影響，或許這些影響會伴隨我的一生，但是我接下來要靠自己的努力去過自己的生活，無論這些結果好或壞，我都願意自己去承擔和面對。並不是先要活得自由，才能為自己的生活做主，而是**要先下定決心自我負責與自我承擔，你才有可能接近自由，這樣的自由才會讓你感受到真正的快樂。**

本節要點

　　在親密關係中，伴侶身上的特質、你和他之間的互動模式，都可能與你的父母高度相似。這種相似既有內心對歸屬感和認可的渴望，也有本能帶來的模仿。

　　我們成長為現在的自己，原生家庭確實有影響，但同樣不能忽略同輩、學校，以及整個社會的影響。

　　改變是一個需要不斷練習和積累的長期過程，身心的改變也需要時間。

　　自由同樣意味着自我負責和自我承擔，所以自由不一定是輕鬆的。

行動指南

1. 回答「尋找相似性」的六個問題。
2. 完成「修正模仿」的練習。
3. 詢問自己你「改變」的動力是甚麼？是逃避痛苦還是憧憬未來？覺察自己在多大程度上準備好了承擔與自由相伴而生的自我負責和自我承擔？

5.2 「無條件的愛」真的存在嗎

「無條件」的愛只存在在一個地方，
就是你對自己的愛。

其他所有的愛，都有各種各樣的條件。這些條件有時是一種幸福和安全，譬如父母之愛和親子之愛。當父母因為你是他們的孩子關心你、包容你時；當孩子因為你是他的父母對你親近又貼心時，這種血緣和親緣本身就是條件，這些條件會帶來穩固的連接。但有時候，愛的條件也會成為一種束縛。譬如，伴侶因為你的懂事喜歡你，他期待並且要求你總是懂事，這會讓你不自覺地委屈自己；再譬如，父母因為你的孝順而更加愛你，在你身上投入金錢與時間，當你想做的事與他們的想法不符時，這些錢和時間都有可能被收回。所以，別人對我們的愛其實都有條件，愛也都會隨着境況的不同而發生變化。

在這些變化中，有些愛不會消失，譬如父母之愛和親子之愛，雖然愛的程度和表達方式會發生變化——融洽時愛的愉悅程度和滿足程度高一些，衝突時愛的體驗差一些。愛沒有消失，愛只是一直隨着條件的變化而變化。但有些愛會隨着人和情況發生變化而徹底消失，譬如戀人之間的愛。其實父母之愛和親子之愛也會徹底消失，只是非常少見而已。

愛其實包含了三層意思：**愛還是不愛、愛的程度**以及**愛的表達方式**。我們在談到愛時，常常會混淆這三層意思。譬如，你掙扎於父母愛不愛你，可能你真正困惑的是愛的表達方式與愛你之間的矛盾。這時候只思考愛不愛是不夠的，你還需要觀察比較他們對愛的表達方式是甚麼？譬如，你期待的愛的表達方式是深刻地了解你、相信你，並且給你自由，但父母習慣的表達方式是滿足你的吃穿用度，為你安排一個他們覺得穩妥的人生。這是他們愛你的方式，或這是他們知道的、習慣的愛你方式，或在他們心中，這是最適合你的、真正為你的幸福考慮的方式，而且這些方式很可能是他們曾經想從自己的父母那裏得到的愛的方式。

舉個例子，對靠自己一路打拚的父母來說，他們深知其中的艱辛與無助，每當他們在受挫時，他們都會期待有人可

以提醒他們、幫助他們，所以不論他們之後成功或失敗，他們都會給予孩子很多提醒和幫助。但孩子很可能更想要父母給他們自由和信任。

人很難真正地從另一個人的視角看問題，尤其是當彼此很熟悉、感情很深、很關心對方時，這種熟悉和深刻的情感都會干擾理性思考。而且，一個人想從另一個人的視角看問題，需要具有很多能力，例如溝通的能力、識別對方情緒和處境的能力等，這都需要學習和練習。

父母之愛和親子之愛尚且如此易變，更不用提毫無血緣關係的兩個陌生人之間的愛了。很多人會在這種陌生之愛，也就是戀愛或婚姻上犯一種錯誤，錯誤地遷移了我們對愛的理解和經驗。

我們對愛的理解和經驗最早是從哪裏獲得的？從我們小時候重要的人身上，我們的爸爸媽媽、爺爺嫲嫲、外公外婆等親友的身上。我希望你能明白的是，我們小時候所感受到的愛，是父母以「父母」的角色對我們的愛。怎麼說呢？父母作為兩個獨立的成年人，他們首先是人，其次是男人或女人，然後是各種各樣的角色，**但他們在愛我們時，其實只用了父母這一面。**

也就是說，我們其實很難見到父母作為「人」、作為男人或女人等其他各種角色的喜怒哀樂。不是他們刻意地隱藏了這些，而是我們從小到大作為孩子很少留意這些，我們只會覺得父母今天好像不太開心、父母今天又吵架了，很少特意詢問父母怎麼了；而父母為了讓我們單純快樂地長大，也不會特意告訴我們，或他們心裏覺得這也不應該和我們說。

這樣的愛是父母從「父母」的角色出發給我們的愛。這導致這份愛的來源其實有些片面。如果我們以這樣的對愛的理解和經驗去要求我們的另一半，就會造成問題。為甚麼？因為你和你的另一半是在完整地相愛，是融合了所有角色的彼此在相愛。而父母身上其他角色和社會身份帶來的困擾、沮喪、憤怒等，大多表現為在你不知道的夜裏，他們關上門在房間裏的述說；或你偶爾聽到房門裏傳來哭泣和吵架聲，第二天，父母看起來有點疲憊和低沉，但對你，他們依然盡責盡力地做着好父母。

這就是為甚麼**你的伴侶永遠不可能像父母愛你那樣愛你**。對你和伴侶來說，你們不再是房門外的孩子，你們是房門裏的那兩個成年人。更多的責任、沉重和負面情緒會湧向彼此，彼此間也會有更多的埋怨和指責，這也是愛在相處中本來的樣子，只不過我們以前沒有見到而已。

所以，如果你的分手原因是彼此覺得不夠愛對方，你要觀察這種「不夠愛」的參照對象是誰。如果是參照父母對你的愛，那其實這種做法有不恰當的地方。

心理學家有很多關於愛的理論，除了第 3 章中提到的愛情三角理論，還有很多其他對愛情的分類理論。譬如，加拿大社會學家 John Alan Lee 把愛情分為以下 6 種風格。

1. **激情型：**你的愛人在外表上酷似你心中的偶像與理想類型的愛人。
2. **遊戲型：**這種愛情更像是逢場作戲或一種短期內的互相愉悅，彼此都不考慮太多責任和未來。
3. **友誼型：**這是一種緩慢發展起來的、平淡如水又緊密相連的情感和伴侶關係。
4. **佔有型：**在這樣的愛裏，彼此會認為對方「從屬」自己，對方的整個生命和生活都屬自己，會出現嫉妒等強烈的情緒。
5. **利他型：**這樣的愛接近我們認為的無私的愛，在這樣的愛情中，付出愛的這一方不求回報。
6. **實用性：**這是一種務實的或功利的愛，兩個人在一起有實際的訴求，譬如金錢、名譽或地位、生活中的互相照顧等。

在同一段感情關係中可能存在很多種風格，而且隨着時間的推移，風格會發生轉變，譬如從激情型轉向友誼型，甚至佔有型。即使是同一個人，在不同的關係裏也會表現出不一樣的風格。對他來說你是利他型的，對別人而言你可能是實用型的。對你來說他是遊戲型的，對別人而言他也可能是佔有型的。

這些風格之間有好壞之分嗎？這其實更多看彼此對這段愛情的期待。譬如，你期待與對方步入婚姻，而對方想要的是僅僅是愉悅（遊戲型）；你期待的是對方愛你本人，而對方想要的是你身上其他實用之處（實用型），例如賺錢養家或是生兒育女。這些不一致會使彼此都更辛苦。

其實兩個人對愛抱有不同的期待這件事本身並沒有錯，但如果一個人不能直面自己對愛情真正的期待，也不去告知對方自己真正的期待，這種無意或有意地欺瞞才是錯誤的根本，這只會讓彼此錯失更好的選擇機會。看到這，我希望你試着回想一下過去的感情關係，試着找出彼此期待的愛是哪種風格，感情的破裂是不是因為彼此期待的愛情風格不一致，並且沒有互相溝通調整。

另外，很多人以為「利他型」的愛是最好的，它看起來是最深刻也最盡責的愛情風格，但實際上不一定如此，有的

人在對方的付出中感受愛，有的人在對方的索取和自己的付出中感受愛，所以如果一個人很需要伴侶向他請求或索取些甚麼，但伴侶卻是「利他型」的，那對這個人來說，這份愛反而會讓他覺得空落落的。

最後，我想談談無條件地愛自己這個話題，這是我們唯一始終能夠擁有的無條件的愛，也是每個人都最需要的愛。通過第 4 章，如果你能逐漸學會無條件接納自己的所有感受，你就已經在愛自己的路上邁出了重要的一步，並且是重要的一大步。接下來你要做的是根據你的感受發現自己想要甚麼、不想要甚麼，然後逐漸把時間和精力花在你真正想要的東西上。**愛自己就要把你的生命投入到你真正想要的東西上。**

看到這，你可能想問，我的感受好就代表這是我真正想要的嗎？那如果我吃了蛋糕和朱古力，我的感受很好，這就是我真正想要的嗎？不，這裏的感受好是指**綜合不同時間、不同角度的感受**進行的判斷。譬如，你吃蛋糕和朱古力的時候感覺很愉悅，但是吃完以後會自責，或是吃的時候和吃完以後都很愉悅，但是變胖後衣服穿不上時會很難過。這兩種情況總體來說就是感受不好。所以，你要做的是回憶自己的過往，或觀察自己的現在和未來，從而綜合計算你的感受，如果總體感受是好的，那想做就做吧。

譬如，在戀情中，你和他見面時他無微不至的關懷和體貼讓你很開心，但是不見面時他的消失又讓你焦慮而壓抑，那這時你要問自己：那些開心是不是能讓你覺得所有的焦慮壓抑都值得？如果值得就繼續保持這段關係，如果不值得那就停止委屈自己，去調整這段關係。再譬如，在生活中，直言直語的感受很舒服，但如果朋友的受傷和遠離讓你難過，那你也應該綜合來看這件事；如果面對朋友的遠離你可以平靜地、甚至有點愉悅地接受，那你就可以繼續直言直語。

你知道為甚麼要用感受判斷這些事情嗎？因為感受幾乎永遠都是誠實的，一旦開始覺察你的感受，你總是可以面對真實的感受。但是理性思考不一定是這樣的。人類是很聰明的生物，這種聰明既體現在用智慧去生活，也體現在善於想像。想像會帶來謊言，人既能用謊言騙別人，也能用謊言騙自己。**騙別人很容易被發現，騙自己卻藏得很深。**這就是我們要學會接納感受和使用感受的原因，感受是你接近最真實的本心的最好途徑。

當你接近自己的真心，擁抱自己的真心時，你就在真實地愛着自己。

如果你期待無條件的愛,那要記得:你始終可以無條件地愛自己。

我們在關注別人是否愛我們時,要關注三層意思:愛還是不愛、愛的程度以及愛的表達方式。有時候問題不是出在愛不受或愛的程度上,而是出在愛的表達方式上。

父母之愛和伴侶之愛是不同角色的愛。對父母而言,你是房門外的孩子;對伴侶而言,你是房門裏的那個成年人。

每個人期待的愛情風格都不一樣,要關注自己和對方所期待的愛情風格。

行動指南

1. 回顧一下你的上一段感情,試着找到自己和對方追求的愛情風格是否一致。然後觀察一下,感情的破裂是否和彼此的愛情風格有關?
2. 從「感受」的角度,試着重新思考最近生活中要做的選擇並執行它。

5.3 相愛與愛得舒服

愛就像一個你不知道甚麼時候、怎樣埋下的種子，是一個自然、自發的過程。你沒辦法努力讓自己愛上誰，你只能感覺到自己愛上了誰。

當相愛變成一段關係，生根發芽的種子進入了成長階段時，它首先要長成一棵小樹苗，如果兩個人的關係一直保持下去，這棵小樹苗最終會長為一棵參天大樹。相處就是種子種下後發芽生長的過程，而種子除了種下去之外，其他每個階段都需要人和環境的共同努力。有時候，愛不是輸給了愛本身，而是輸給了狂風暴雨，或是輸給了某個「半路殺出的程咬金」。一些人總是說，如果深愛就能克服一切。這原本應該是一句鼓勵我們的話，現在卻變成了對分手或放棄的人的指責，指責他們愛得不夠深。

但事實不是這樣的。兩個人即使愛得很深，人也依然只是環境中一個渺小而脆弱的存在。愛是偉大的，但相愛中的

人各有各的脆弱。種子發芽後，成長時無法抵禦惡劣的環境也是正常情況。有時候兩個人看起來沒有愛了，但等你往那個人的心裏看時，很有可能還是能看到那顆愛的種子。

心裏有愛，是愛的偉大之處；愛能成長，是人的偉大之處。

有句話叫：相愛容易相處難。難的是甚麼？難的是齊心協力一起讓愛的種子長成一棵參天大樹。前文說過兩個人在一起越久，彼此經歷的變化就越多，這是生活本身帶來的挑戰。有的「變化盲視」就好比眼看着狂風暴雨即將到來，兩個人卻還無視陰沉的天空和吹起落葉的疾風，依然不給這棵愛之樹遮擋與加固。而「背叛盲視」是甚麼？背叛盲視是明明兩個人現在做的事不利於樹的成長，卻依然任其發展，譬如進行冷戰、忽視對方等。

除了變化和背叛，相處還難在澆灌和照料愛的種子，讓它長成大樹。這個過程很瑣碎，而很多人正是因為它瑣碎的一面忽視了它的難度和艱辛，既沒有用心學習，也沒有感恩另一半的付出。很多人做不好也很正常，因為**重視瑣碎從來都不是人的本能和擅長的事情。**

人總是希望做偉大又有意義的事情，譬如完成一個所有人都關注與期待的議題或是一個能拯救很多患者的醫學研究。而如果你只看相處這個過程中這些瑣碎的事情的話，它們看起來既不偉大也沒有意義，譬如把馬桶蓋掀起來、把髒衣服放進髒衣籃裏、買完食物放入冰箱等。但缺少這些，生活的舒適感就會下降。

愛在生活中成長，如果生活的舒適感下降，那麼愛本身也好、相愛的兩個人也好，也都會不舒服。當一個人總是默默地把這些事做了的時候，他其實是希望愛的人過得更舒服。這些細枝末節又瑣碎的事情的重要之處和意義都藏在生活中，需要生活中的人自己去尋找和感知。愛和相處的難點也在於感知這些瑣碎的重要和意義，重視它們，用心做這些瑣碎的事，也感恩對方每一次細小的付出。

即使伴侶不重視瑣碎的事情也不感恩你瑣碎的付出，兩個人或許也能轟轟烈烈地相愛。但是在日益平穩的相處中，**瑣碎才是愛的日常，忽視瑣碎就是忽視愛和愛的人。**

而且，其實瑣碎的事情做起來的難度並不低。譬如，整理一個雪櫃和櫥櫃的難度有時候不亞於盤點一家公司的庫存。你需要知道裏面有甚麼，這些東西能存放多久，能提供哪些營養，還缺些甚麼營養，有沒有兩個人都愛吃的

東西，還要在選擇食材時就大概想好需要怎麼烹飪，有沒有相應的調料等。雖然外賣能解決很多這方面的問題，但如果要確保在吃這件事上的順暢和健康，那麼準備得是否正確、是否充分也很關鍵。這背後需要充分了解自己、了解伴侶的身體情況以及彼此的飲食偏好，還要了解一些基礎的營養學。如果真的想要做好整理雪櫃和櫥櫃這件事，那麼在看起來只是擺放東西的背後，你需要一整套周密的計劃。

很多人不知道這些事情的難度，因為很少有人真正把這些事拆開來仔細看。我們默認這種每個人都會做的事一定是容易的，但事實不是這樣的。只有真正經歷過，自己行動過，也真的想要做好時，一個人才會意識到運作好一個家庭不比任何一件艱難的工作簡單多少。

如果你是因為這些瑣碎的事引起的衝突和不滿而分手，那麼無論你是受委屈的那一方，還是讓對方委屈的那一方，我都希望你能重新看待這些生活中瑣碎的事情，知道瑣碎的事情重要在哪裏、難在哪裏，把這些重要和難說出來，讓兩個人以後也能一起解決這些需要家庭分工的工作，**在生活的瑣碎中建設愛**。

期待「無條件的愛」

這種期待也會影響我們在生活中與他人的相處。當伴侶在生活中向自己提出要求時，一些人的內心會很微妙，他會覺得：「如果我愛你，我甚麼都願意為你做。但如果你愛我，你就不應該對我有要求。」他們對於相處過程中的各種要求是排斥的。

很多人以為這種排斥是因為不夠愛，如果足夠愛，就應該努力去滿足要求。但不是這樣的，恰恰因為在意愛的純粹，一些人才會格外排斥要求。因為當他面對要求時，他的內心會升起一種恐慌：你是需要我，還是需要我為你做的這些事？

這種恐慌常常與這個人小時候的經歷有關，譬如，父母把他視為一種炫耀的工具，一旦成績不好或做了其他甚麼丟臉的事，就會責罵和疏遠他，在孩子的心裏，父母需要的不是他，而是他做的那些能讓父母炫耀的事。也就是說，每當要求出現時，一旦他無法不滿足要求，就會受到傷害。這樣的感受和處於每當要求出現時，採取「滿足了很愉悅、不滿足也沒關係」態度的家庭中的感受是完全不同的。

當孩子長大後進入一段親密關係時，那些對他人的要求感覺溫暖和安全的孩子能繼續傳遞這份溫暖和安全，但對他人的要求感覺生氣又慌張的孩子，即使提出要求的人不斷變化，但只要這份生氣和恐懼不經處理，那在這個孩子面對要求時，這份感覺還是會蔓延。

那怎麼辦呢？一個人的時候，靜靜地回想那些場景，找到那個又委屈又生氣的孩子，在腦海裏回到過去抱抱他，告訴他一切都過去了，告訴他他已經長大了，可以自己愛自己，他也會找到真正愛他的人。這個練習可能要做很多次，直到你能流下淚，內心感到真正的平靜。

之後再回想一下過去的戀情，觀察一下你當時的戀人對你的要求是大部分人在愛和相處中都會提出的要求，還是他以忽視和傷害你為代價提出的自私的要求。如果是後者，那分手其實是愛自己的一種選擇；如果是前者，你可以把分手視為一種學習和成長的機會，先努力成為更好的自己。

感情的密度、強度和方向

感情的密度是甚麼？是你期望感情具有的濃度，是你看向生活的這一條長路時，期望愛和愛人在其中的位置。對有些人來說，他希望當他回家吃飯時，愛人在就那裏，他能和愛的人擁有充滿歡聲笑語的生活；還有的人，他喜歡去世界看看，在追求的夢想時，他只需要知道愛的人在遠方就可以；但對有的人來說，他希望每時每刻愛都在那裏，當他想要找你時，他希望你總是在，當他追尋夢想時，身邊就有你，或當你追尋夢想的時候，他也在你的身邊。

這是不同的感情密度。雖然我們都心中有愛，但是有的人需要愛總在身邊和眼裏，有的人還需要其他全身心的投入。密度本身沒有好壞，但如果兩個人對感情密度的有不同的期待，彼此就會有不滿和衝突。如果能在最初就了解彼此對感情密度的期待，在相處過程中也聊聊當下彼此對感情密度的感受並及時調整，彼此在相處時也會舒服很多。

感情的強度是甚麼？是你對愛的體驗。譬如，紀念日的驚喜浪漫是一種強烈的體驗，而日常瑣碎中的愛就是一種安穩的體驗。每個人對感情強度也有不同的期待，有的人需要極致的愛的體驗，對他來說，浪漫和驚喜就是必需品；

有的人需要細水長流的愛的體驗，對他來說，日常的每一天更重要。前者能因為一次極致的體驗而繼續留在混亂的、讓人痛苦的生活裏；後者能因為愛的細水長流而不在意那些刻意強求製造的驚喜。兩者也沒甚麼好壞之分，只是如果彼此對強度的期待不一致，一個追求某一個時點的激烈，一個追求日常的深刻，就會覺得對方不夠愛。

感情的方向是甚麼？ 你認為甚麼代表愛？當你想找愛時，你會去哪裏找；或當你有愛時，你會去哪裏表達出來？有的人認為愛要說出口才是愛，有的人認為我默默為你準備好一切就是愛。生活中有些衝突和不滿是因為我把愛放在這裏，而你去那裏找。兩個人很需要時不時就「你把愛放在哪裏，我應該去哪裏找愛」這個話題聊一聊，有些分手不是因為愛消失了，而是因為兩個人都找不到愛。

所以，如果兩個人都能了解自己和對方對感情密度、強度和方向的期待並互相調整，彼此也會愛得更舒服。看到這，我想你已經明白，愛得舒服其實是一件很難的事，希望本節內容能給你啟發，讓你未來和對方不僅相愛，還能在日常的生活中愛得舒服。

本節要點

相愛常常是自發的，而相愛後的彼此能不能相處得舒服，是需要學習和努力的。

想相處得舒服，就要珍視生活裏瑣碎的事情，因為愛在生活裏成長，也在瑣碎中成長。

有的人排斥感情關係中的要求，不一定是因為不夠愛，還可能是他對愛中的要求懷有恐慌。

當兩個人對一段感情關係的密度、強度和方向的期待一致時，相處會更舒服；如果不一致，就要及時溝通和調整。

行動指南

1. 試着回顧在上一段感情中，自己和對方對生活中瑣碎事情的態度和行為。
2. 從感情的密度、強度和方向角度，覺察自己對愛情和親密關係的期待。

5.4 變革中的親密關係：建立你自己的親密規則

現在已經到了本書的最後兩節。
我在寫作時，常常想像你就在坐在對面，
想像你有甚麼樣的難過和困惑，我可以
用哪些專業知識和經驗幫助你。

最後這兩節，我想和你分享一些更深的思考和我的心裏
話，也是我們這個時代的親密關係讓所有人正在經歷的困
惑與面對的挑戰。如果說前幾節內容提及的困惑和挑戰已
經在無數人的幫助和努力下獲得了突破，那本節要談的則
是只有少數人獲得了突破而無數人還在經歷的陣痛，人們
還在找尋方法。

這裏有兩個大問題。第一個大問題是，**愛對你而言是
甚麼？**

明明愛在現實生活裏發展，也有很多人懷着現實的目標走
入感情關係，但這個時代依然在提倡浪漫之愛，甚至高度

讚賞浪漫之愛。如果我們懷着對浪漫之愛的理解和憧憬走進感情關係，那我們不可避免地會產生很多感情衝突和失望。如果我們面對衝突和失望時依然懷着對浪漫之愛的理解和憧憬，那衝突和失望本身就會讓我們感到更失望。

為甚麼？因為浪漫之愛的觀念有個暗示：愛是一種積極美妙的感覺。也就是說，提倡浪漫之愛，就是提倡感覺至上的愛情。當感覺至上時，面對感情關係中的平淡和消極的感覺，人會對這段關係產生失望和懷疑，這影響了我們對感情關係的滿足感。當感情關係外的其他人帶給我們積極美妙的感覺時，我們會以為自己遇到了愛情，這種想法容易破壞我們對感情關係的忠誠。

而且，**感覺其實很不可靠，很容易被外部環境中的其他刺激誤導**。心理學這幾年逐漸發展起來的「體化認知」就是在探究這個方面。體化認知會告訴我們，我們身體的感覺如何影響了我們的想法和認知，「誤導」也是影響的一種方式。譬如，心理學上所說的「吊橋效應」。心理家 Arthur P. Aron 做過一個實驗，他讓男性們分別在安靜的公園裏、平穩的水泥橋上和搖搖晃晃的吊橋上與女性實驗者相遇。實驗結果表明，吊橋上的男性會更容易認為自己的心動了。為甚麼呢？因為在搖晃的橋上，人的心跳會加速，但男性們不會認為自己的心跳加速是因為害怕——從

理性上來說吊橋有甚麼可怕的呢？於是他們會認為，這種心跳加速的感覺是因為自己對眼前的女性心動了。除了吊橋，黑暗幽靜的電影院，密閉安靜的車裏，帶點刺激的鬼屋，甚至是爬山時的緊張，都可能會讓人誤以為自己「心動」了，遇到了愛情。

耶魯大學的研究者也做過一個有趣的實驗。實驗人員把大學生隨機分成兩組，A組捧着一杯熱咖啡，B組捧着一杯冰咖啡。實驗人員把他們帶到實驗室，要求他們對同一個想像中的人物的人格特徵進行評分。實驗結果顯示，熱咖啡組的大學生更多地將這位想像中的人物評價為外向、熱情和友好。身體感知到的溫度影響了他們認知上的判斷，在舒適溫暖的環境中，人們更容易做出積極的評價和判斷。也就是說，**對一個人感覺好，很可能是因為你的身體感覺好，而不是說這個人真的是個好的愛情對象。**

看到這，我想你應該已經明白，我們為甚麼要接納和使用自己的身體感受，卻不能完全依賴自己的感受和評價，因為評價可能正在被身體的感覺干擾。那既然感覺不夠可靠，那麼應該如何理解浪漫之愛呢？

把愛看作一種行動，愛就是把自己的行動聚焦在可以增進親密關係的事情上。我們在判斷自己是不是愛某個人或某

個人是不是愛自己時，應該觀察我們的感覺，但更應該觀察的是行動。譬如觀察這個行動是不是在增進親密關係，當結果表明行動對增進親密關係無效甚至在傷害親密關係時，彼此有沒有調整各自的行動？

愛要在行動中體現，感覺也是為愛的行動服務的。把愛理解為行動，既讓人能辨別愛，也讓人知道如何維護和發展一段感情關係。愛自己也是如此，愛自己不是始終對自己滿意、始終積極地肯定自己，而是你始終通過行動關愛自己、發展自己，哪怕對自己感到厭煩甚至是失望，也依然帶着這種感覺做出真正對自己有好處的行動。

但是，更難的問題來了，對你來講甚麼樣的行動可以代表愛？想要找到這個問題的答案，**我們得先學會愛自己**。我們在學會愛自己前，也很難判定和告訴別人怎樣的行動代表愛。那甚麼是愛自己的行動呢？對一些人來說，一日三餐的健康飲食是愛自己，但對另一些人來說，為了某個目標廢寢忘食也是愛自己；對一些人來說，在堅持不下去時再堅持一會兒是愛自己，但對另一些人來說，告訴自己學着放下才是愛自己。愛自己的行動並沒有標準答案。

而且每個自己都分為兩個部分，一個部分是身體的自己，另一個部分是心靈的自己。有時候這兩個部分會出現衝

突，身體想要休息，心靈想要拼搏；身體想要美味，心靈想要控制。這時候，應該優先考慮哪個部分的自己其實也沒有標準答案。所以，你幾乎無法從外界，從其他任何一個人身上找答案，因為每個人的身體自我和心靈自我都獨一無二，你只能自己找自己的答案。**認識自己永遠是每個人最難的課題。**

不過有一點是確定的，心靈寄託於身體存在，所以不管心靈的自己有任何願望和行動目標，都要讓身體的自己能健康地維持到目標達成的時刻。從這個角度來說，維持身體的基本健康是愛自己的一個基礎行動。在你沒想明白怎麼愛心靈自我之前，你可以優先愛身體自我。對身體自我的愛護在醫學上已經有很多可以參考的方式，**健康飲食**和**適當運動**是最主要的方式。

那怎麼愛心靈自我呢？無條件接納自我的感受是第一步，這一步幫助我們了解自己，這一步並不容易，但更難的是第二步，了解自我以後為自己選擇一個適合自己、能讓心靈自我有滿足、感到有意義的生活。通過上文，你應該知道如果想要有滿足感，就要關注自己的需求。但是讓心靈自我感到有意義的生活是怎樣的呢？我們來看第二個大問題。

第二個大問題是，**甚麼樣的人生對你來講是有意義的？**

很多人其實在按性別分工生活，將自己的人生意義也建立在性別分工上。甚麼是性別分工呢？簡單來說就是，一個人心中的男性和女性分別應該是甚麼樣的，感情關係中的男性和女性又分別應該是怎樣的，也就是僅憑性別就對一個人做出相應的期待和要求。譬如，「你負責賺錢養家，我負責貌美如花」就是一句有性別分工傾向的話。這個結果會帶來甚麼問題？對賺錢養家的人來說，當他是家庭唯一的經濟來源時，這種壓力會讓他恐懼，他知道自己不能停下來、不能生病，自己停下來，家就完了；對貌美如花的人來說，時間本身就是壓力，因為美貌一定會隨時間流逝而消逝。不僅如此，維護美貌需要時間，而一個人原本可以把時間用在自己更喜歡的事上。

除此之外，再譬如，女生在給男生提供職場上的建議和指導時總是小心翼翼，害怕不小心傷害對方的自尊心；約會結帳時，如果男生提出 AA，女生會想他是不是不愛我，女生提出 AA，男生會想她是不是要和我撇清關係等。這些都是性別分工帶來的問題。

性別分工給人帶來的最大的困擾是，它給每個性別都安排了一個生活和感情關係的樣板。這個樣板像浪漫之愛一樣

給人提供了關於愛的錯誤的標準答案，如果你按照這個樣板要求自己和對方，你們反而會離愛越來越遠，甚至會懷疑自己的感情關係是不是有問題？懷疑戀人和別人的做法不同是不是代表不夠愛？

對感情關係而言，性別分工造成的問題主要有三個方面：

第一個方面，當人們按性別分工要求自己時，也會這樣要求對方。這樣做看起來是為了自己和對方好，但實際上雙方都會面臨各種限制。譬如，要求男性始終要賺更多的錢來養家並認為這理所應當的，那對方在同樣的樣板下，也會理所應當地要求女性照顧家庭和生養孩子。用性別分工來要求彼此，好處和壞處會相伴而行，並且缺乏可調整的靈活性。

第二個方面，由於性別分工幾乎是社會共識，相對小眾的感情關係不僅會遇到群體壓力，人們內心深處也會在比較中對愛產生懷疑。由於沒有新的分工體系可以參考，人們還會感到茫然失措。這會影響人們對感情關係的信心和投入程度。

第三個方面，對於處在社會中的兩性關係來說，分工與其他分工方式會形成一種混亂的競爭。甚麼意思呢？譬如，

一段女強男弱的關係中，當兩個人都心生困惑或不滿時，如果繼續以舊的分工為參考答案，符合這個分工的溫柔又顧家的女性和事業成功的男性就可能成為強有力的關係中的競爭對象，導致感情關係的破裂或出軌的發生。

那應該怎麼辦呢？有三個可參考的應對方法：

第一個應對方法，**要把愛看作一種行動，舊的性別分工可以是行動參考，但不是答案**。判斷行動好壞的唯一標準就是有沒有促成你愛自己的目標的達成以及有沒有增進兩個人的親密關係。我們不要再和樣板比較，而是把關注點牢牢鎖定在自己和自己的親密關係上，對自己有效的方法就用，無效的就不用，不用外界的標準限制自己和彼此。

第二個應對方法，**將自己和未來的伴侶當作獨立的個體「人」，甚至只當作朋友，尊重彼此作為人的喜好和需求**。問問自己，如果換個性別，自己和對方現在做的事是不是也很合理？如果你們倆換個性別，現在發生的一些事是不是就不會讓你難受？如果你的答案都是「是」，那你就要突破性別帶來的限制。

第三個應對方法，**盡可能結交一些具有多元價值觀或更有包容心的朋友**，他們會給你更多的勇氣和明智的建議。

但在跳脫性別分工之後，更難的問題是，對你來講甚麼樣的生活是有意義的？

人們按樣板進行自我要求和生活，這是因為首先我們認為這個樣板是對的、好的，所以我們學習並使用它；其次，當樣板消失後，判斷和決定生活方式的責任就落到了我們自己身上，而這本身是一件很難並且壓力很大的事——那麼多種生活方式，我們應該選哪種呢？

很抱歉，直到本書的最後一節才讓你看到和意識到這一切「很難」。不過愈早意識到這是件很難的事，你就會愈早開始重視這個問題。更重要的是，**當自己做得不夠好時，你不要責怪自己，要給自己時間，對自己有耐心，因為這一切的確很難。**

我也沒辦法告訴你，你的人生意義是甚麼。我只能和你分享我自己尋找人生意義的過程。我小時候興趣廣泛，看了很多書，尤其是小說。那些小說讓我看到了很多不同時代和不同社會背景下的人的人生和選擇，當然這些都是虛構的，我還看了很多自傳和其他各個學科的介紹，在這個過程中，我間接接觸了相對真實的人生和世界。也是在這個過程中，我不斷尋找自己的榜樣。榜樣就是，當你想起一個人或一件事，你的內心會湧起一種力量和希望，也就是

激情。再後來，心理諮詢工作也給了我很多機會去深入了解不同人的人生和想法，和他們的談話給了我很多啟發。

除了看向他人，我們**還需要不斷回顧過往的人生**，尤其是過往的成功和失敗。每一次成功和失敗都問問自己，你為此付出的一切是不是值得？如果成功讓你覺得值得，那你人生的意義可能就藏在成功裏，你可以接着去尋找。如果成功讓你感到不值得，那不值得的原因是甚麼？這個原因裏很可能藏着你內心深處的人生意義。譬如，有的人為了事業的成功忽略了家人，他覺得不值得是因為他發現家人的和睦與幸福才是他的意義。

除了成功，**還要看失敗**。如果失敗讓你覺得值得，那同樣要探尋值得的原因是甚麼？一些科學家在做研究的過程中，即使遭遇失敗也依然覺得這一切是值得的，因為探索和研究本身就是他們認為的意義所在。但是如果失敗讓他們覺得不值得，那很可能他的人生意義與探索研究這個世界無關。總之，過往人生中的重大選擇，以及重大選擇後的成功和失敗，都是你可以發現人生意義的地方。

最後是未來，你憧憬怎樣的未來？這個對未來的描繪越具體、越生動越好。需要注意的是，你要同時詢問自己兩種未來可能發生的情況。一種情況是你會將那個未來昭告天

下，那是所有人都會看到的未來，所有人也都認識你並知道這是你的未來；另一種情況是這個未來只有你知道，雖然別人也會看到，但別人都不認識你，也不關心你是誰，只有你自己在經歷這個未來。這兩種情況當然都是極端情況，但這兩個極端情況可以幫助你避免別人對你的期待給你帶來的干擾，也就是，**過自己的人生，而不是給別人看的人生。**

意義很難靠理性思考獲得，也沒法靠計算得失獲得，我們幾乎只能一邊向更廣大的世界看，一邊向更深處的內心世界尋找——回看過去、看向未來。當外部世界和內心世界開始匹配時，意義就在那一刻出現，你要抓住他，堅持住。

你要過有意義的人生，和自己保持親密，也和有意義的人生保持親密。在這個過程中，如果你遇到同樣的人，兩個人一起建設親密關係、追求意義，這樣的人生才是屬你的獨一無二的人生，也是屬你倆的獨一無二的親密關係。

本節要點

　　對浪漫之愛和性別分工的推崇正在影響我們對親密關係的理解和建立。

　　相愛時，愛的行動比愛的感覺更重要。愛自己也是，要用行動來愛自己。

　　比起浪漫之愛和性別分工帶來的模板，我們需要找到屬自己的人生意義和人生價值。

行動指南

1. 試着覺察自己在多大程度上受到浪漫之愛的影響？
2. 試着回答：對你來說，愛的行動有哪些？哪些行動是可以用來自己愛自己的？
3. 試着回顧過去，找一找甚麼樣的人生和生活對你來說是有意義的？

5.5 甚麼情況下，可以開始一段新的感情了

希望之前的內容已經陪你度過了艱難又痛苦的時期，幫助你從困惑和迷茫漸漸走向了清晰、堅定。本節，我想和你一起展望下未來的新戀情。

或許此刻的你已經有了開始新戀情的打算，甚至有了潛在的心儀對象，又或許你依然單身也沒有打算開始新戀情。無論你處於哪種情況，本節內容都會給你啟發，因為通過本節內容你既可以判斷和引導自己的新戀情，也可以概括地認識自己過去的感情關係。

甚麼時候是開始一段感情關係的好時機呢？從心理的角度來說，要關注兩個方面，一個方面是**自我分化的程度**，另一個方面是**感情關係的匹配程度**。

自我分化

它和自我有關。雖然找到一個「又對又好」的另一半很重要，但更關鍵的始終是你自己。因為所有的「我愛你」的主語都是「我」，無論是愛的感受還是愛的行動，都是「我」在感受，都是「我」在行動。所以一段感情關係能不能成功又親密，很大程度上取決於這個「我」是怎樣的。

整本書很大篇幅都在引導你認識自我、發展自我，而本節是概括的一節，也是你可以用來不斷判斷自己的自我認識與發展有沒有取得進展的一節。

甚麼是自我分化呢？這一概念在心理學研究領域和諮詢領域都被廣泛提及，它由家庭系統治療師 Murray Bowen。自我分化是指理智和情感在心理上的分離，以及將自我獨立於他人之外的能力，也就是能夠分辨和管理情緒與思維的能力。

自我分化包含兩個條件：

第一個條件，**區分情緒與思維**，能夠充分認識和理解自己的情緒與思維，並能夠不被任何一方控制自己的認識與理解，可以基於目標調動情緒與思維指導自己的行為。

第二個條件，**能夠保持自我獨立**，同時又能與他人建立健康的情感聯繫。

擁有好的自我分化的人是怎樣的？我們先來看第一個條件：區分情緒與思維，調動情緒與思維指導自己的行動。假設有一個人叫 A，當他在生活中擁有某種強烈的情緒（也就是感受）或強烈的思維（也就是想法）時，譬如陷入沮喪和失落甚至覺得自己完蛋了，他不會立刻基於這個感受和想法採取行動，也不會持續躲避甚至自暴自棄，他會有以下這些做法。

1. 全然接納自己的感受和想法，把它們說出來或寫下來。

2. 再次觀察自己的感受和想法，找到是事情中的甚麼元素或是過去的甚麼回憶引發了他的感受和想法。除了已經感知的這些，還有沒有其他想法與感受，把他們都找出來。

3. 分辨這些感受和想法的合理性，看看是不是存在非理性的信念和自動反應。如果有，就引導自己重新思考。

4. 詢問自己在這件事上的價值觀和目標，並且詢問自己現在的感受和想法是不是與價值和目標一致。如果一致，

譬如你此刻已經重新擁有信心，那就帶着這些感受和想法去制定相關的行動目標。

5. 如果不一致，譬如你希望自己勇敢爭取自己想要的，但現在依然想退縮，那就允許自己與自己的感受和想法待一會兒，找到自己受傷的原因，關懷自己，並且從支持系統中找尋可以協助自己的人和事來幫助自己。

6. 然後再一次，從價值和目標出發，為自己制定新的行動方案。

看到這，你可能已經明白，好的自我分化是指和自己的感受與想法既保持距離也保持連接，讓感受與想法成為自己的一部分，既關懷這部分的自我，也讓這部分的自我協助自己達成目標、實現價值。

現在我們看自我分化的第二個條件：保持自我獨立，同時也能和他人建立情感聯繫。還是假設有個人叫 A，他和前任分手不久，現在和一個朋友走得很近，這種溫暖的感覺讓他有點動心。同時，父母在催促他趕緊戀愛結婚，並且為他安排了相親，甚至制定了結婚、生子的時間線。

如果他擁有不好的自我分化，他會怎麼做呢？他會舊情未

了地和前任繼續保持聯繫，前任的一舉一動都可能影響他的感受和他對自己的看法，譬如自己是不是有魅力、是不是值得被愛等。同時，因為朋友帶給他溫暖和動心的感覺，他雖然覺得對方和自己不合適，但甚麼也不說，因為害怕說清楚了就會失去這個朋友。在面對父母時，他雖然覺得自己還沒到開始新戀情的時候，也沒有想好要不要結婚生子，但為了不令父母失望依然按父母的要求開始相親，只是同時也會和父母發生激烈的爭吵，表示這一切不是自己想要的。

所以總的來說，壞的自我分化是甚麼？是他人的想法和行為會很輕易地影響 A 對自己的感受、看法，以及他的目標和行動。A 不敢失去任何一個親近的人，卻也無法和任何一個親近的人保持真正的親密，無法做真實的自我，用真實的自我去和他人建立親密關係。

那好的自我分化是怎樣的呢？當 A 擁有好的自我分化時，他可能會這麼做：

1. 暫時隔離前任和父母對自己的消極影響，重新全面地接納自我，尤其是接納自卑和不完美的自我，在這個基礎上，重新建立自信和自我價值感。

2. 分析父母或原生家庭對自己的影響，尤其是對親密關係
的影響，試圖理清和減少消極的影響。

3. 詢問自己的人生價值和人生目標，明確自己在親密關係
上的追求和打算，譬如想要怎樣的與伴侶和相處方式，
不想要怎樣的與伴侶和相處方式。

4. 重新分析判斷前任和現在的朋友，決定要不要和他們保
持聯繫，以及保持怎樣的聯繫。明白即使說清楚自己的
心意可能會失去前任和朋友，也依然懷着真誠的態度和
對方溝通。因為小 A 希望無論是自己還是別人，都能
過上真誠且有意義的人生。

5. 停止和父母爭吵，向父母表達自己的想法和人生打算，
能夠坦然面對父母暫時的失望和指責並依然堅持自我。

6. 最後，從自己的人生價值和目標出發，為自己制定新的
行動方案。

**好的自我分化就是在認識自我、關懷自我的基礎上，保持
獨立，同時用真實的自我和他人建立情感聯繫。**不會為了
別人單方面地壓抑自己、委屈自己，與他人保持坦誠的溝
通，尊重他人的自由，也尊重自己的自由。

感情關係

通過之前的內容，你已經重新認識了愛和感情關係，知道了愛不僅是一種感覺，更是一種行動。以及在一段感情關係中，除了愛，我們還要關注彼此的需求和愛情風格，平衡雙方在感情關係中的權力和相處方式。

最後這節，我想帶着你再往前邁一步。當你已經明確地有了想要建立感情關係的對象時，在感情關係開始前，你們之間要互相了解些甚麼？通過上文你知道了依戀類型對親密關係的體驗和相處方式的影響。那麼，當兩個人考慮要不要在一起時，是不是存在一種更好的依戀類型的組合方式呢？

心理學公認的是，當雙方的依戀類型都是安全型時，感情關係最為穩定，其次是至少有一方是安全型。因為不同依戀類型的人會對相似的特質呈現截然不同的看法，安全型的人的看法會更積極。舉兩個例子：

如果你屬迴避型，
安全型的人會這樣描述你：獨立的、謹慎的、注重隱私的，只是有時會有點矛盾。
焦慮型的人會這樣描述你：冷漠的、自私的、害怕承諾

的，讓人捉摸不定的。

如果你屬焦慮型依戀，
安全型的人會這樣描述你：忠誠的、擔心的、熱烈的，渴望承諾和穩定的。
迴避型的人會這樣描述你：粘人甚至纏人的、誇張的，要求多甚至是讓人困擾的，迷信承諾的。

看到這裏你會發現，另一半對你的看法很大程度上取決於他自己的依戀類型，所以如果可以，盡可能找一位安全型依戀的人相愛、相處。但你要留意的是，如果你發現自己的心儀對象是焦慮型或是迴避型的，並且他已經帶給了你不安和消極的感受，例如讓你對自己魅力和能力產生懷疑、對生活快樂和幸福的標準一再降低等，你要留意自己是否陷入了過去的延續。甚麼意思呢？就是眼前的這個人很有可能很像你曾經十分期待能關注你和肯定你的父親或母親或其他親近的人，你一次又一次地和相似的人陷入親密關係是因為你想要征服他們，獲得他們的肯定，而並不是因為這能讓你幸福。

另外，如果不是因為過去的延續，而是眼前的人確實讓你感受到了愛和憧憬，那麼即使對方不是安全型的人，也不代表你們沒機會擁有幸福長久的感情關係。只是你們需要

了解自己的依戀類型，然後分清楚自己的感受和行為有多少是因為對方產生、有多少是因為自己產生。舉個例子，當一方出差時，如果另一方感到焦慮，那要問自己這個焦慮是因為自己是焦慮型的人還是因為對方的某些行為確實讓人焦慮。譬如原本聯繫很緊密，在出差時突然杳無音訊，如果是後者，那你需要表達感受後，與對方商量一下調整行為；如果是前者，你也要坦誠地表達感受，同時告訴對方，現在怎麼做可以讓你的感覺好一些。

總結一下，明確雙方的依戀類型可以讓你大致判斷出你們未來的相處狀態，如果預判的狀態讓你覺得這不是你想要的，那你可以及時做一個對自己更好的決定。如果你決定和對方在一起，那依戀類型能為你們的相處方式提供建議，讓你們更明白彼此的特徵和需求，也更明白怎麼做能讓兩個人相處得更舒服。

愛情中的元素組合

現在，你還需要再次運用斯滕伯格的愛情三角理論，也就是我在上文中提到過的愛由**親密**、**激情**和**承諾**三個元素組成，三者都有時愛便是完整的。但在現實生活中，我們往往很難同時擁有三者。我們現在要進一步從這三個元素認識愛情，你要觀察自己和對方的愛分別包含了哪些元素：

單純的親密是一種溫暖的感覺，你會感覺很喜歡對方。

單純的激情是一種十分熱烈的感覺，近乎迷戀，你會想要一直緊密地靠近對方。

單純的承諾沒有任何溫度，就是一種形式化的承諾。

兩兩組合時呢？

親密＋激情＝浪漫之愛。這份愛更集中在當下彼此間的感覺，沒有更長久的打算。

親密＋承諾＝同伴之愛。這是一種十分安穩的愛，對於渴望安定的人來說，這份愛讓人感到溫暖，但是對於渴望浪漫的人來說，這份愛可能會顯得過於平淡。

激情＋承諾＝愚昧之愛。也就是說，雖然兩個人的感情很熱烈，但缺乏親密而穩定的感覺，承諾並不可信。因為承諾很可能因為感覺的變化而變化。

如果你發現自己和對方都缺了某幾個元素時，你要看這是不是符合你的期待。如果你想要浪漫又想要長久，那麼對方和你都必須同時包含三個元素。當你渴望安穩的感情

時，你和對方都需要同時包含親密和承諾兩個元素，這時候如果有激情會更好，如果沒有你們也可以維持長久的感情關係。如果你發現自己和對方都缺乏承諾或缺乏親密，那這是一種需要更謹慎考慮的情況，因為這意味着你們擁有的很可能只是當下的感情，這份感情在未來可能會發生變化。

除了對彼此的感情，我在實踐過程中發現愛情三角理論還有一個重要的應用方式，我們可以用它來觀察一個人對感情關係和生活的態度。甚麼意思呢？你要觀察彼此對感情關係本身是否具有同樣的激情、親密和承諾。如果都有的話意味着甚麼？意味着無論你們和誰在一起，你們對感情關係本身都會持有積極的態度並會投入行動，這是你對愛情本身的信仰。

對你們來講，這意味着當兩個人對對方的激情、親密和承諾的程度下降時，依然會因為這是你們正在擁有的唯一一段感情關係而繼續積極行動。簡單來說就是，**你愛對方、相信對方，同時你也愛愛情、相信愛情。對方也是這樣。**

為甚麼這一點很重要？因為兩個人的感情深度和信任程度有時會下降。這時候能不能重新激活你們的感情關係，很大程度上取決於你們彼此對愛情本身的信仰。如果你們都

始終對愛情懷有積極的感覺和期待，並且都有決心付諸行動、兌現承諾，那你們對愛的信仰會鼓勵和支持你們度過很多艱難和困境。

然後你要觀察彼此對生活本身是否同樣有激情、親密和承諾？

也就是說無論你們和甚麼樣的人在一起，無論你們是單身還是在一段關係中，都始終對生活有穩定的熱情和溫暖的態度，並且無論自己在甚麼境況下，都會對生活懷有憧憬並積極投入。為甚麼這也很重要呢？因為兩個人能否走得長遠，很大程度上取決於彼此把生活經營得怎麼樣，愛生活的人更有可能長久地愛別人和感情關係本身。

所以，在用愛情三角理論觀察自己和對方時，你要同時觀察你們對彼此、對愛情本身和對生活本身分別包含了愛情三角理論中的哪些元素。如果你們在這三個維度都同時擁有三個元素，那一定要恭喜你們了，這是非常完美的感情和生活狀態。當你們正式開始一段感情時，祝福你們在未來長久的生活中，能始終關注這三個親密關係的元素，持續投入並付諸行動，相信在這樣的關注和投入下，你們一定能擁有一段真正幸福的感情關係。

最後，無論接下來的你是準備修復一段之前的感情關係還是開始一段新的感情關係，或是保持單身，我都真心祝願你無論何時何地，都能不懼傷害、始終成長。**希望你在感受自己的生活和生命時，也始終能感受到它們的意義和價值。**

真心祝福。

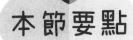
本節要點

　　甚麼時候是開始一段感情的好時機呢？要關注兩個方面：首先是自我分化的程度，其次是兩個人在感情關係上的匹配程度。

　　好的自我分化意味着：第一，能區分情緒與思維，並且用情緒與思維指導自己的行動；第二，能保持自我獨立，同時也能以真實的自我和他人建立聯繫。

　　有時候，是各自的依戀類型決定一對伴侶如何評價對方。

　　除了彼此的愛之外，一段感情關係是否能成功、幸福，很大程度上還取決於彼此對愛情和生活本身的愛。

● 行動指南 ●

1. 覺察自己自我分化的情況，如果自我分化還需要努力，試着為自己制訂行動計劃。
2. 借助愛情三角理論，覺察自己對愛情和生活本身的愛，其中愛情不一定是必需的，試着增進自己對生活的激情、親密和承諾，在明確自己的人生價值以後，用行動去堅持。

失戀不可怕！從崩潰中爬起來的 26 堂課

著者
曹雪敏

責任編輯
吳煥燊

裝幀設計
羅美齡

排版
辛紅梅、楊詠雯

出版者
萬里機構出版有限公司
香港北角英皇道 499 號北角工業大廈 20 樓
電話：2564 7511　　傳真：2565 5539
電郵：info@wanlibk.com
網址：http://www.wanlibk.com
　　　http://www.facebook.com/wanlibk

發行者
香港聯合書刊物流有限公司
香港荃灣德士古道 220-248 號荃灣工業中心 16 樓
電話：2150 2100　　傳真：2407 3062
電郵：info@suplogistics.com.hk
網址：http://www.suplogistics.com.hk

承印者
中華商務彩色印刷有限公司
香港新界大埔汀麗路 36 號

出版日期
二〇二一年十二月第一次印刷

規格
特 32 開（213 mm × 150 mm）